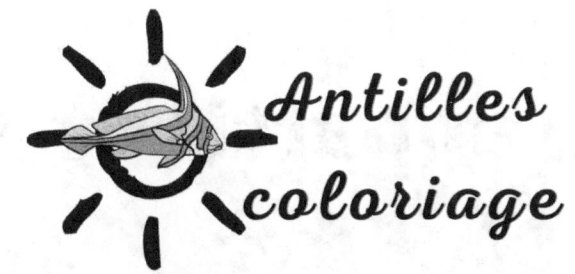

J'APPRENDS A DESSINER
Des activités de traçages , des lignes et des formes géométriques

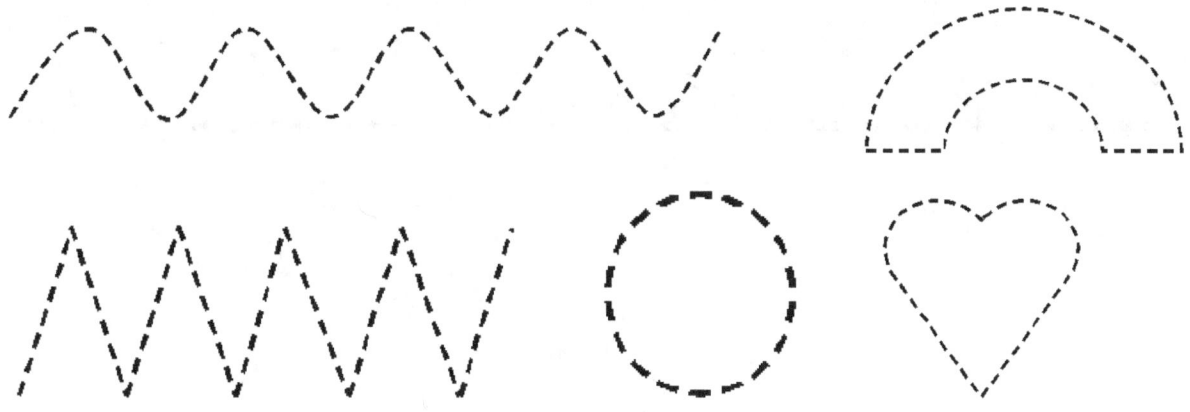

Les exercices présents dans ce cahier sont **simples et ludiques**.

Ils permettent un **apprentissage de la tenue du crayon** et le **développement de la dextérité**. Tracer des lignes et dessiner des formes en suivant le modèle, permet d'**apprendre les premières bases de l'écriture et du dessin.**

Ce livre d'activité contient: des lignes, des pages blanches pour laisser place à la créativité et s'exercer, des formes à tracer et à colorier.

Ce livre appartient à:

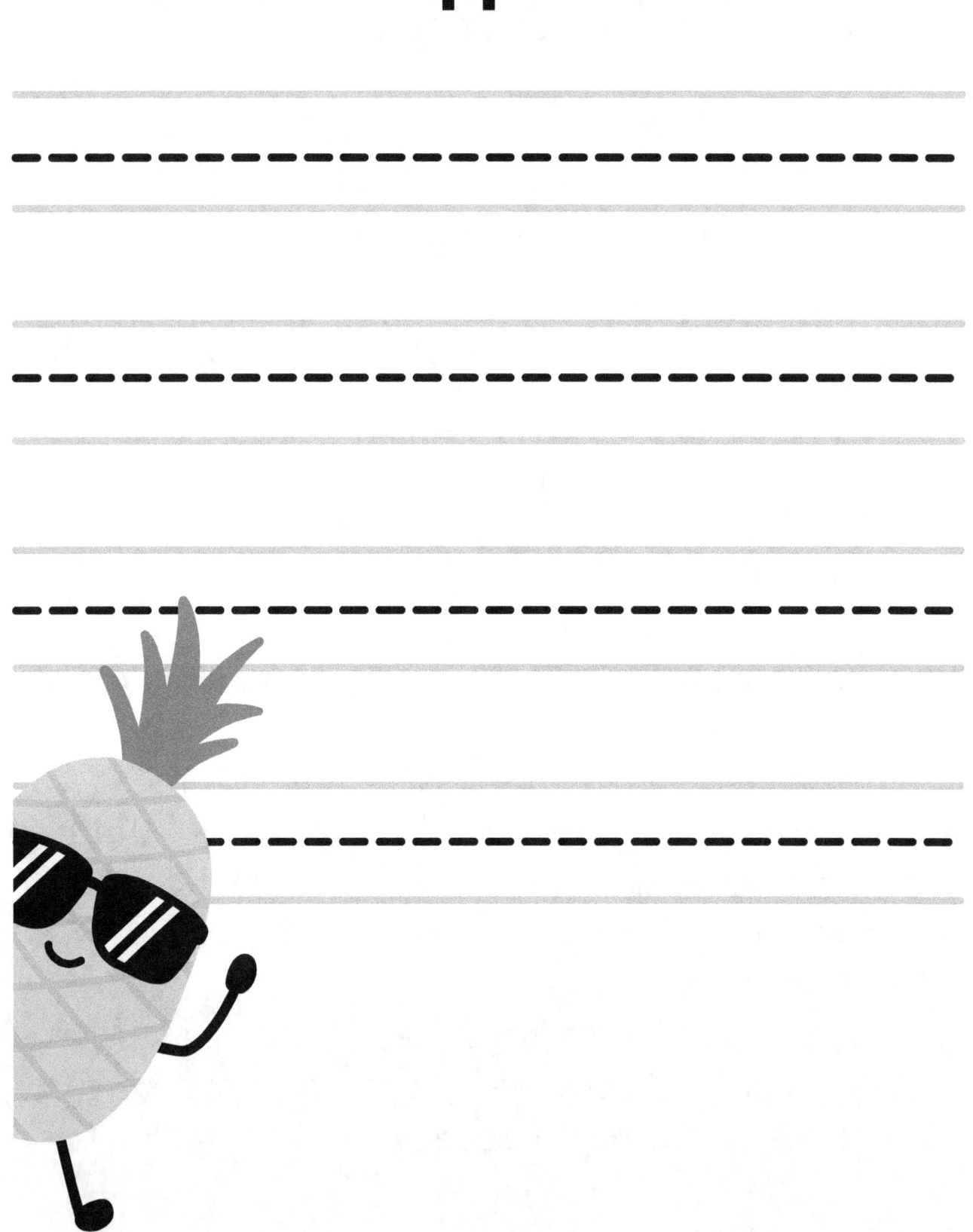

Des lignes horizontales

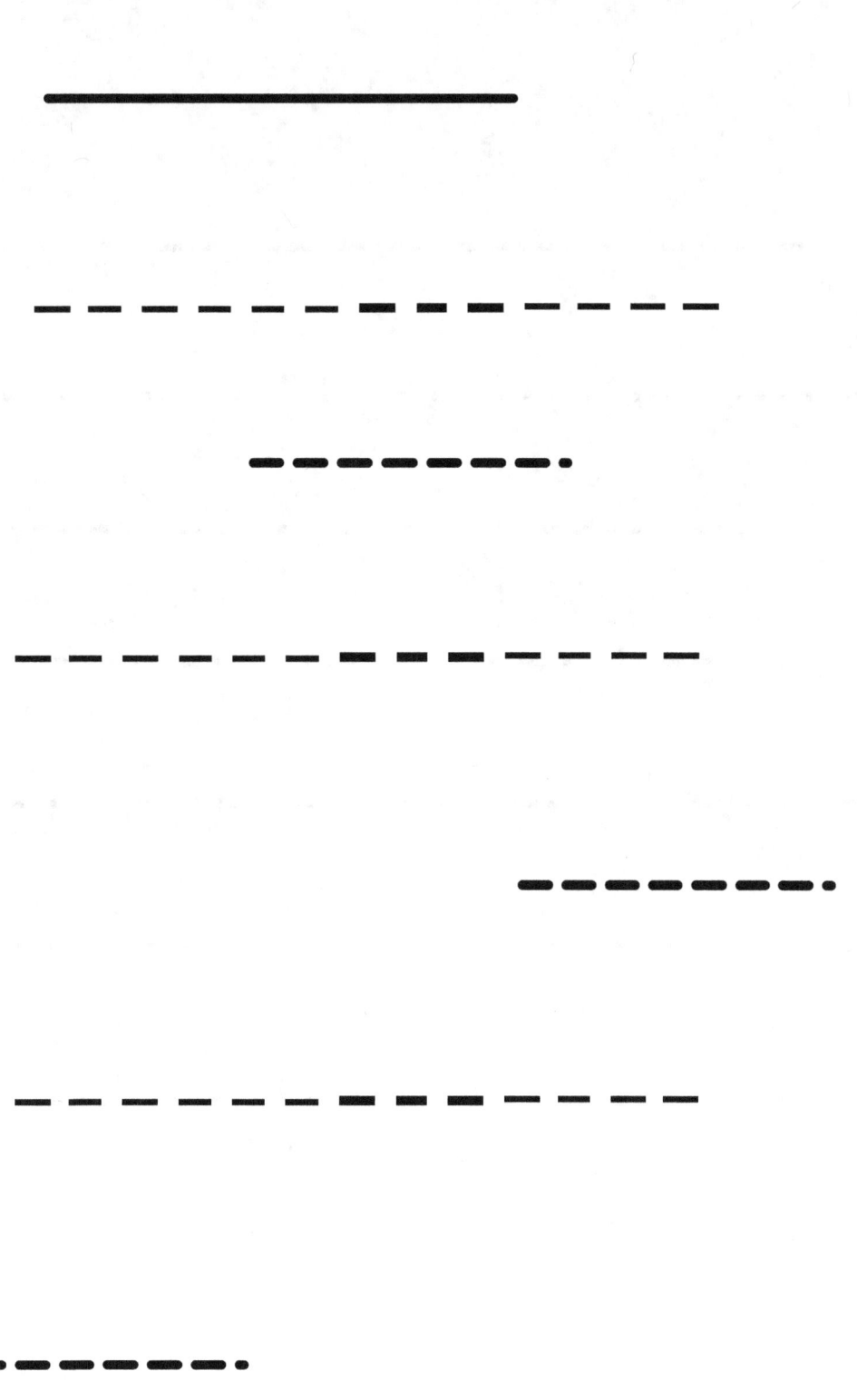

Des lignes horizontales

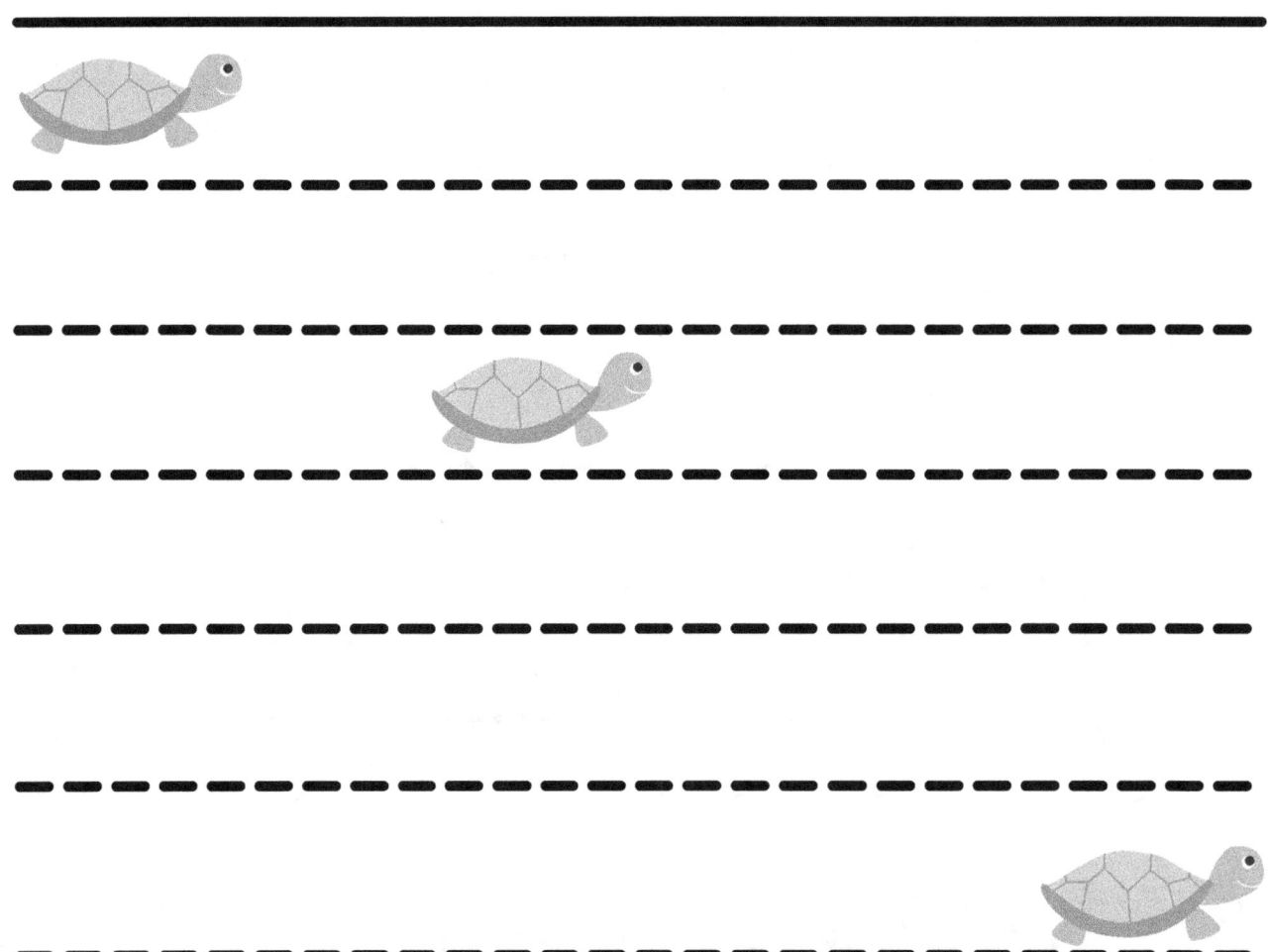

Des lignes verticales

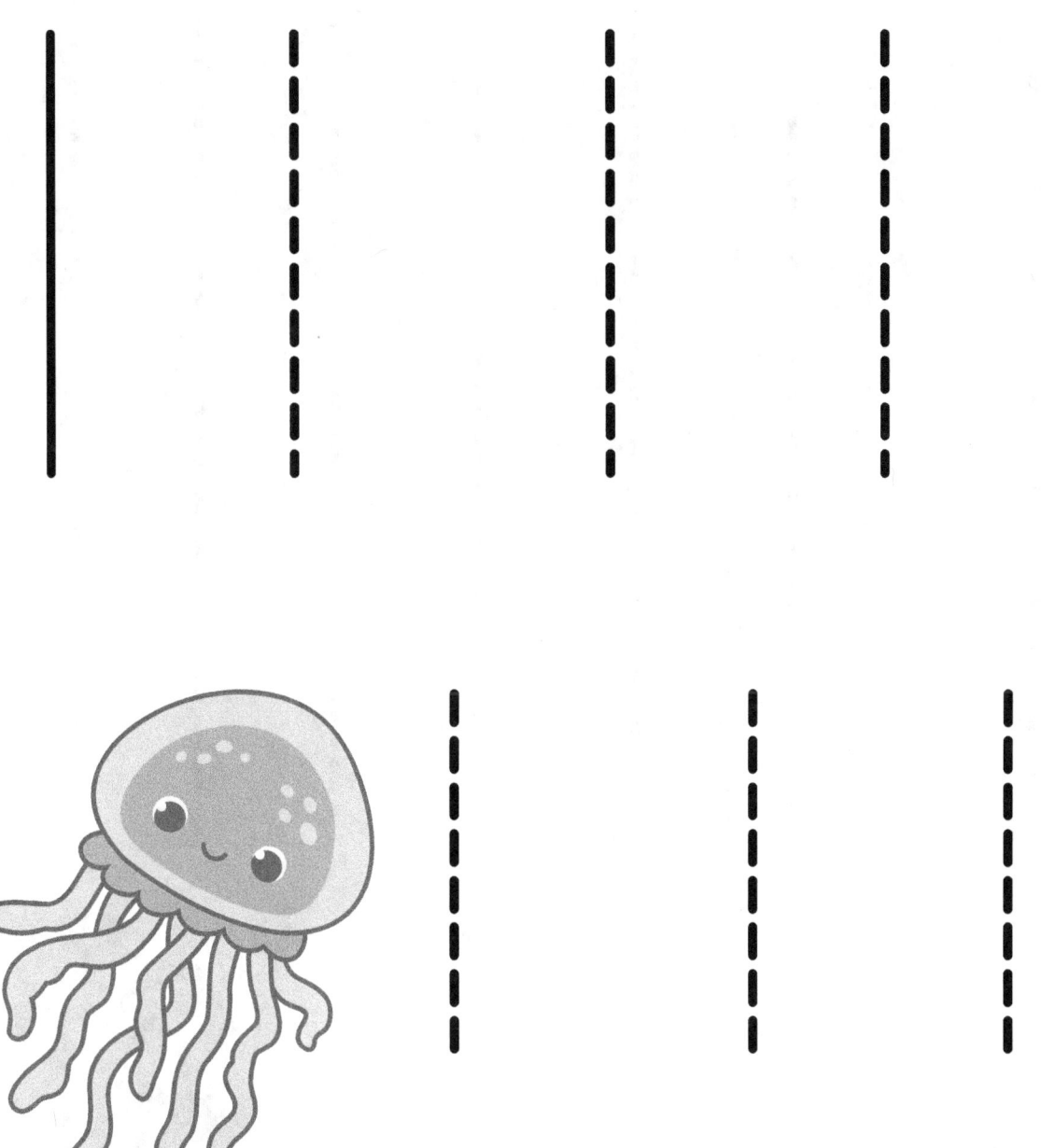

Des lignes verticales

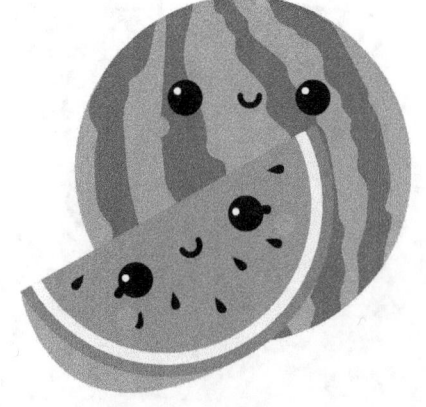

Des lignes penchées

Dessine des lignes

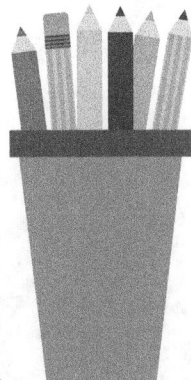

Des lignes croisées

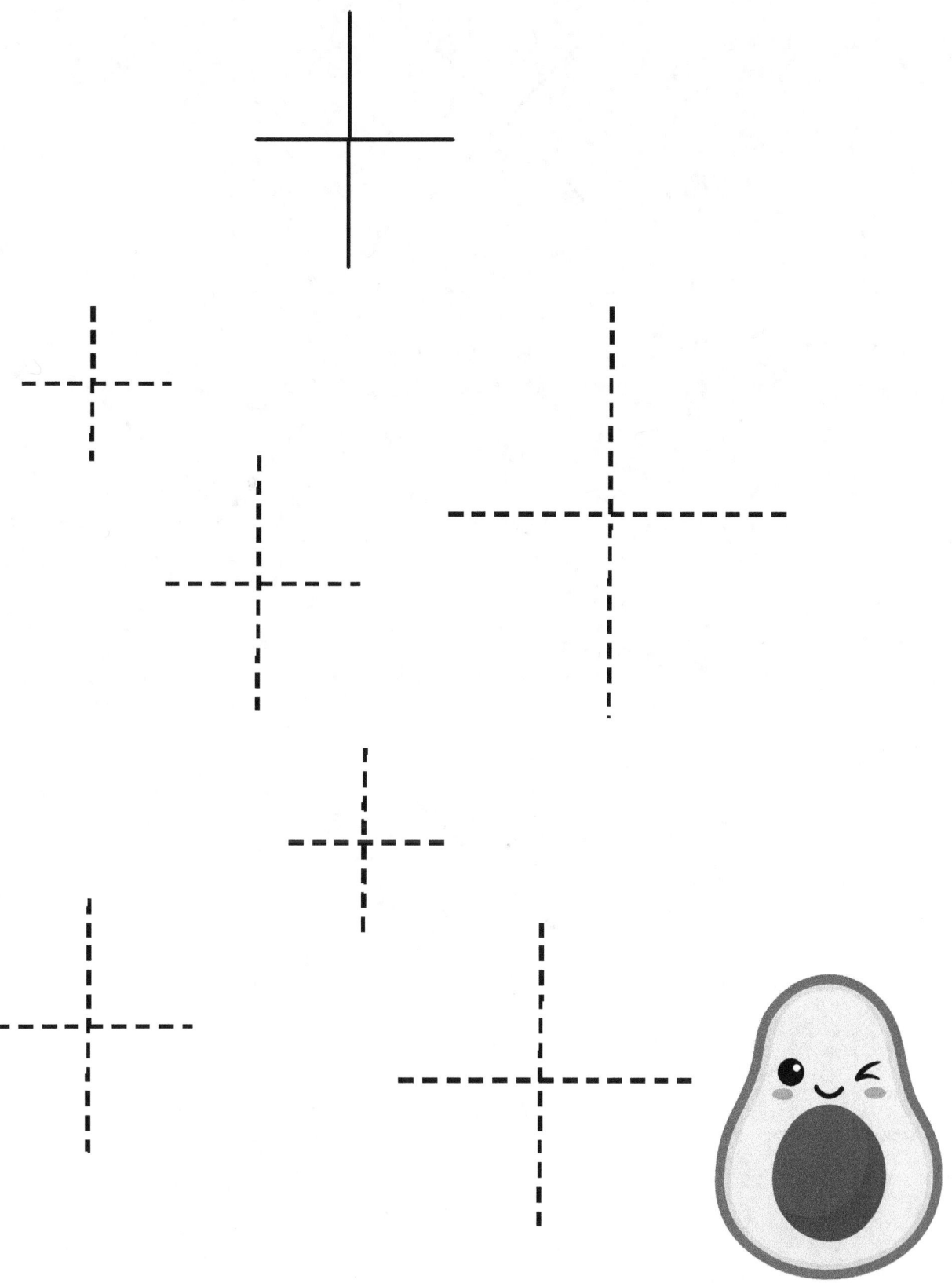

Des lignes croisées

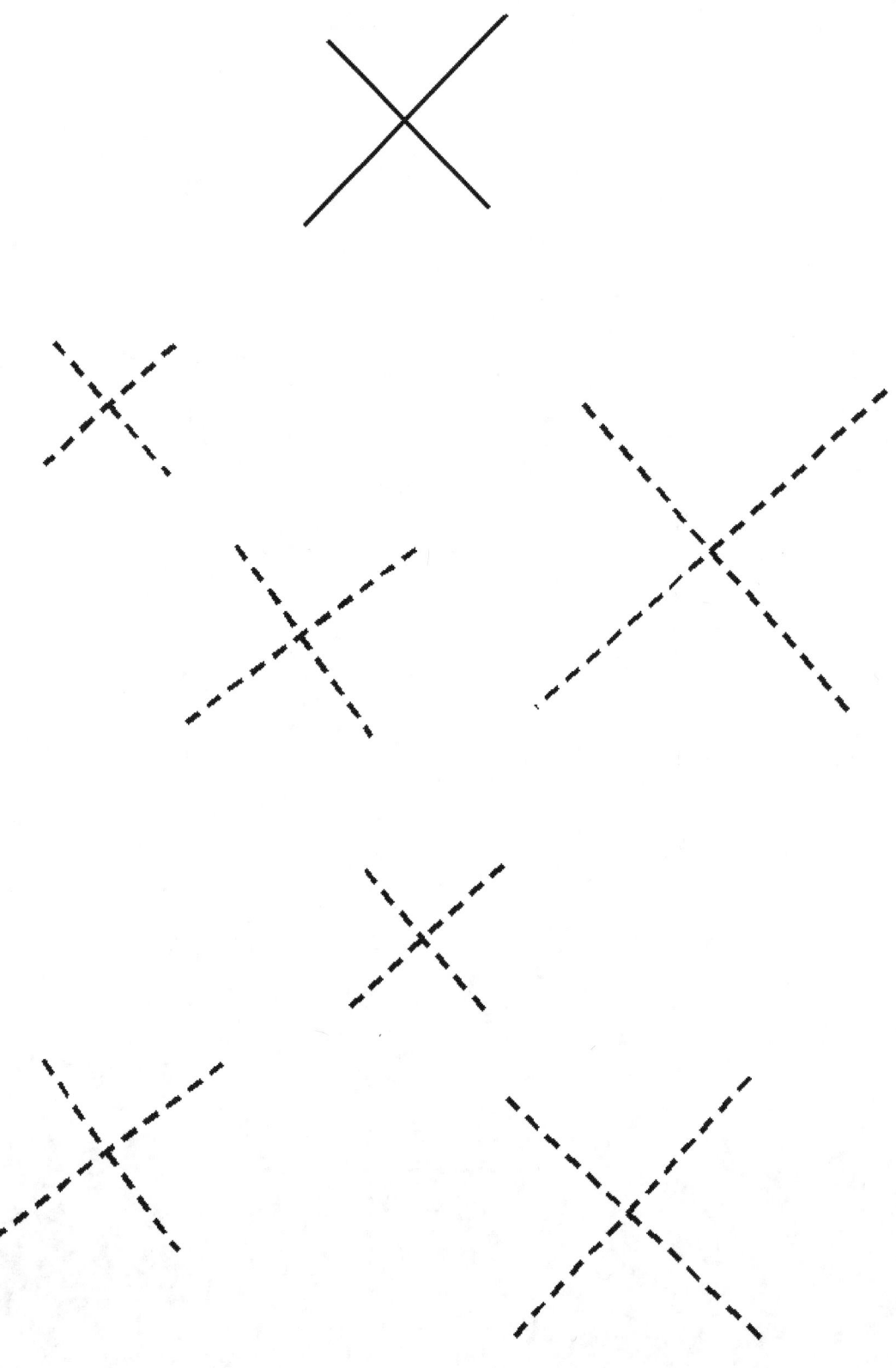

Dessine des lignes croisées

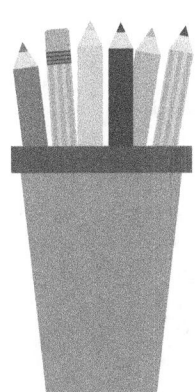

Des vagues

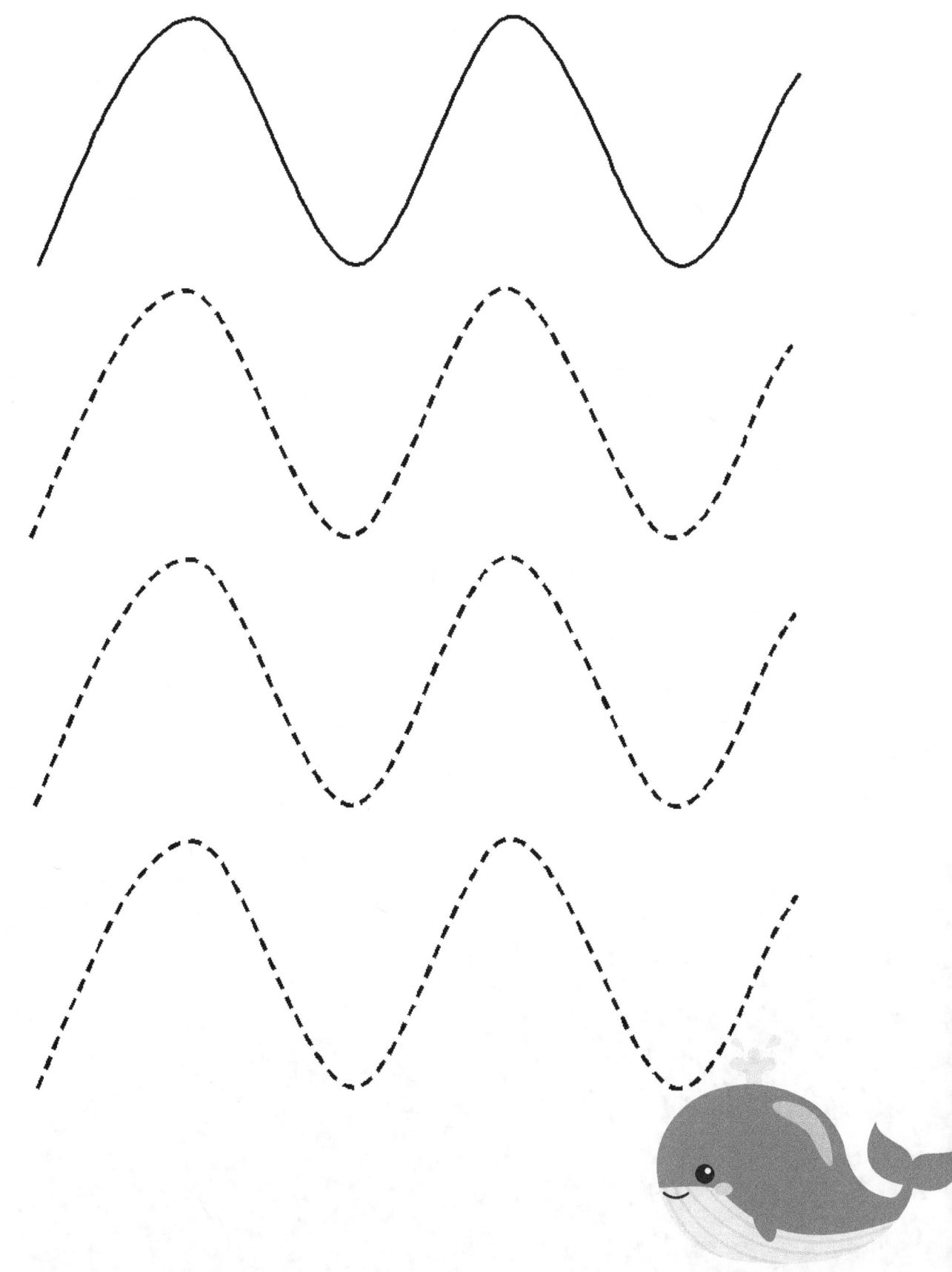

Des vagues

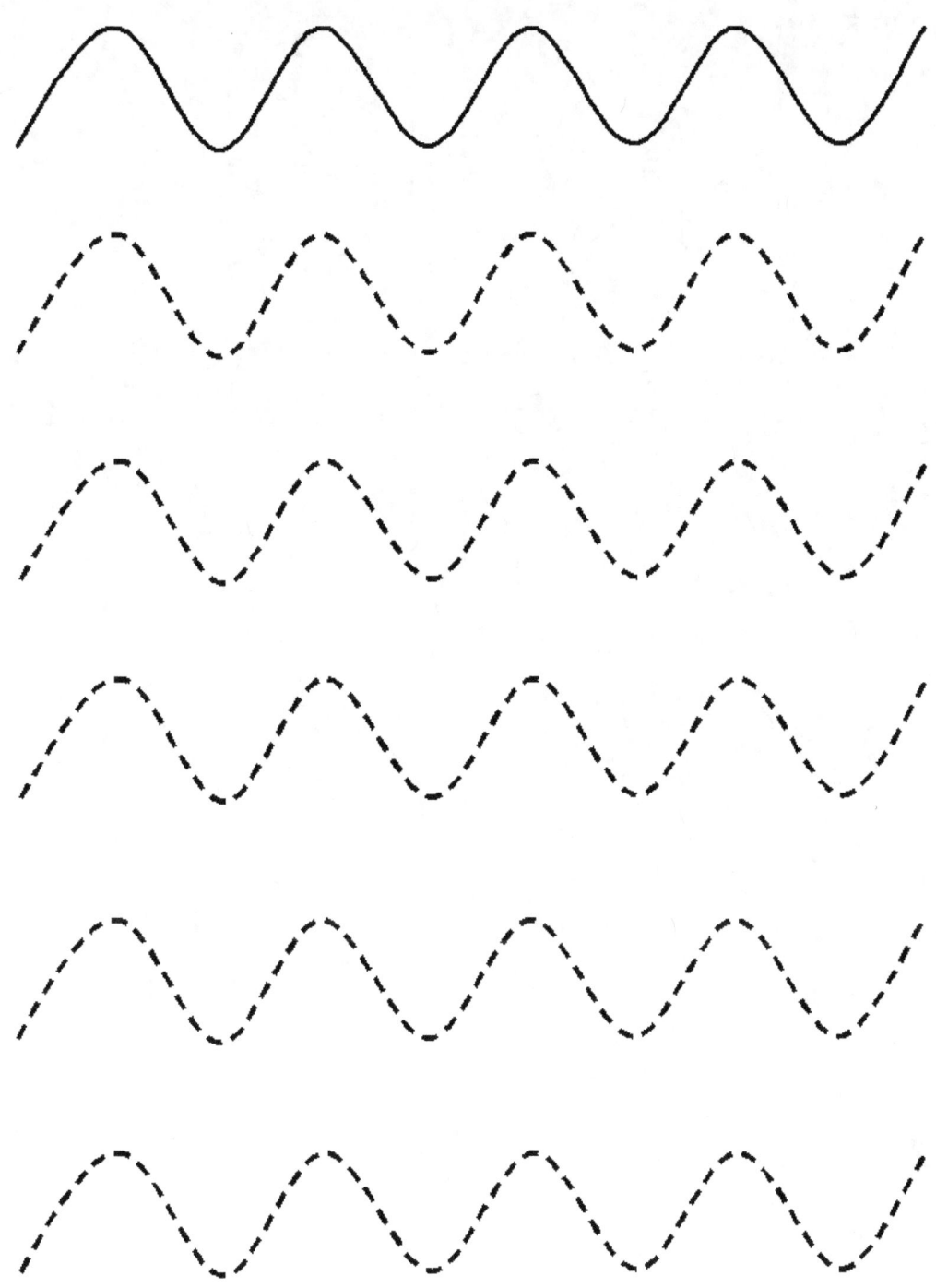

Dessine des lignes vagues

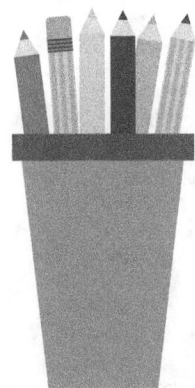

Des lignes brisées

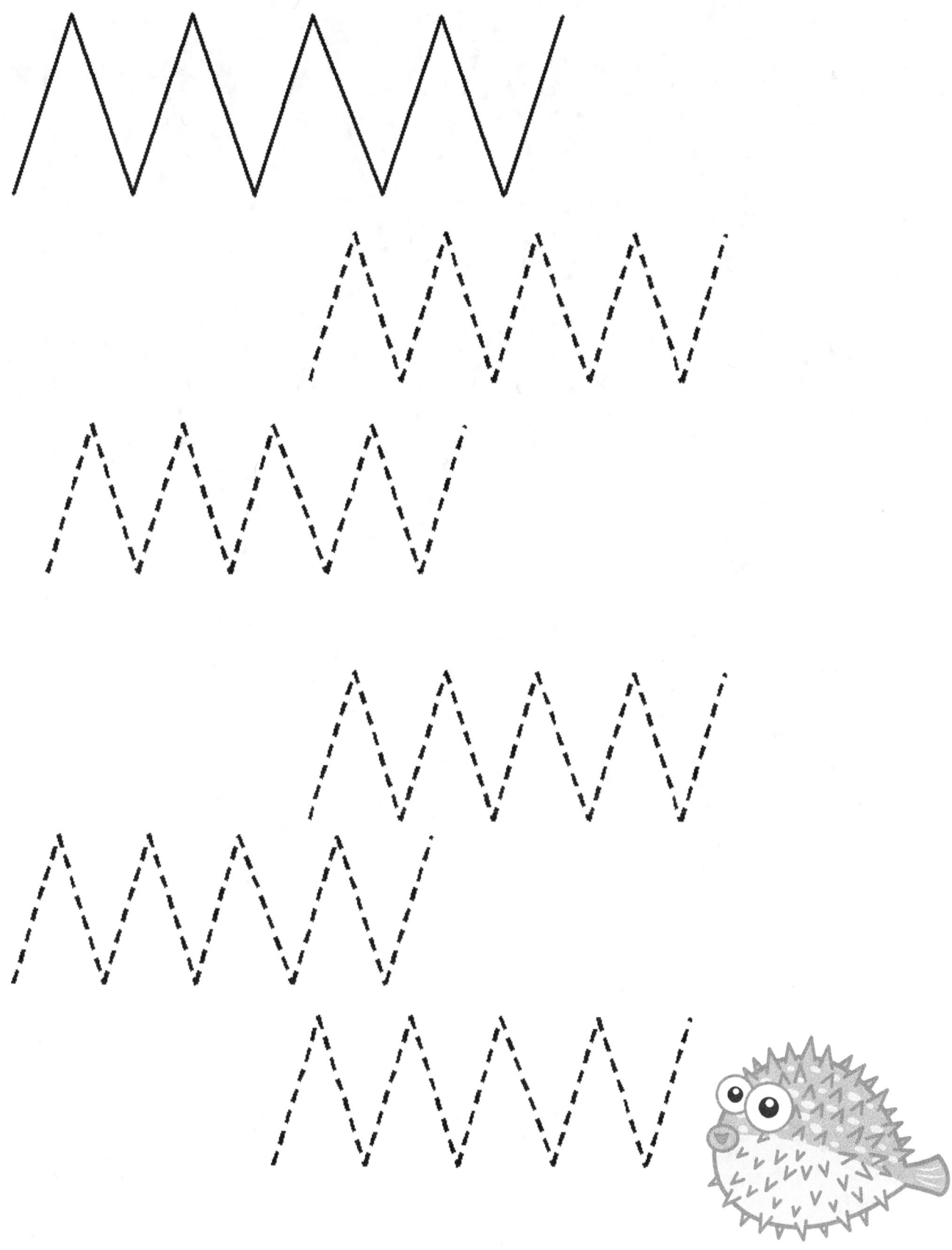

Des lignes brisées

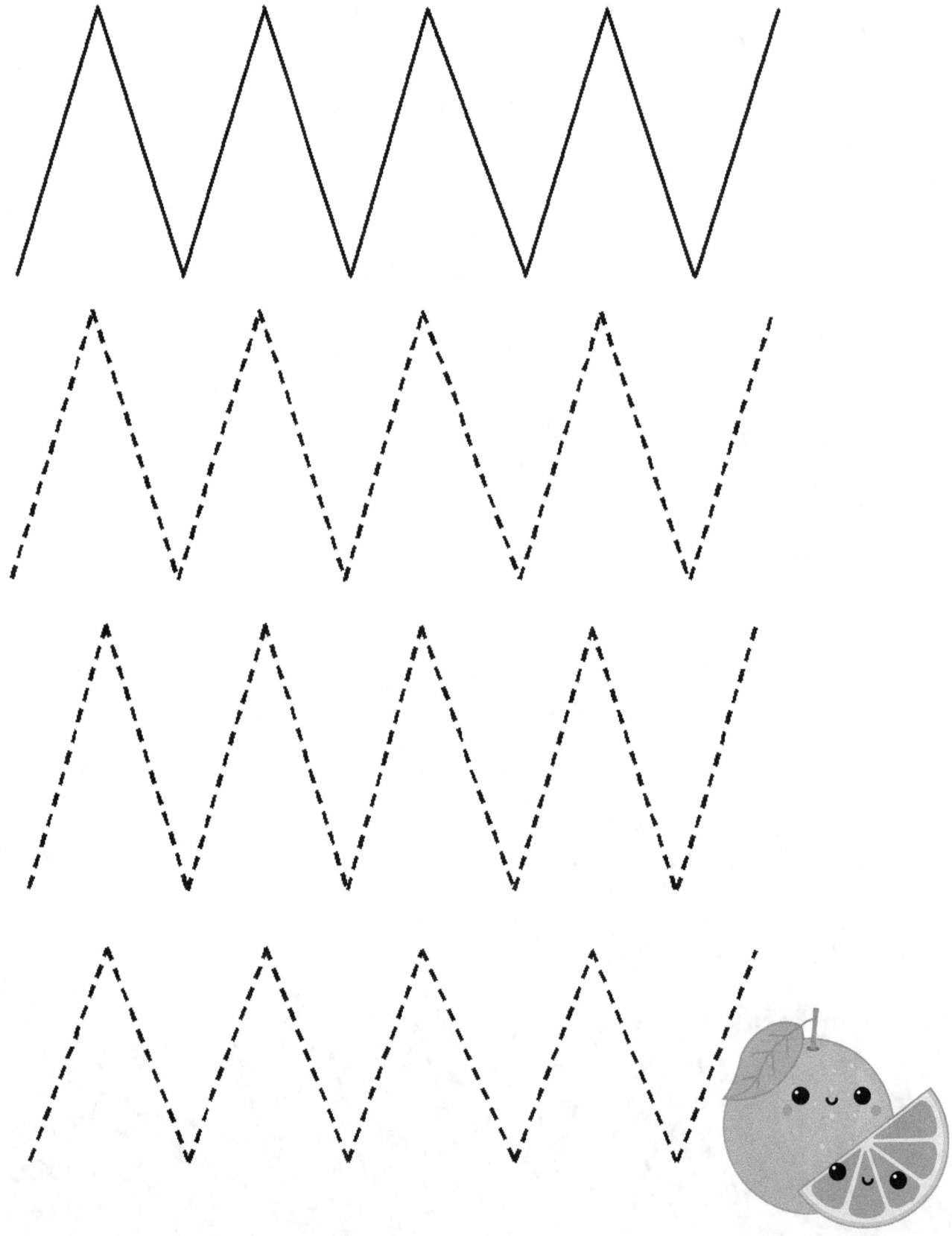

Dessine des lignes brisées

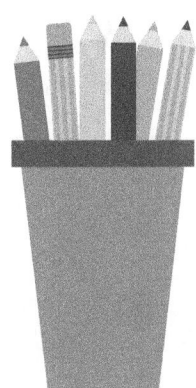

Des ronds

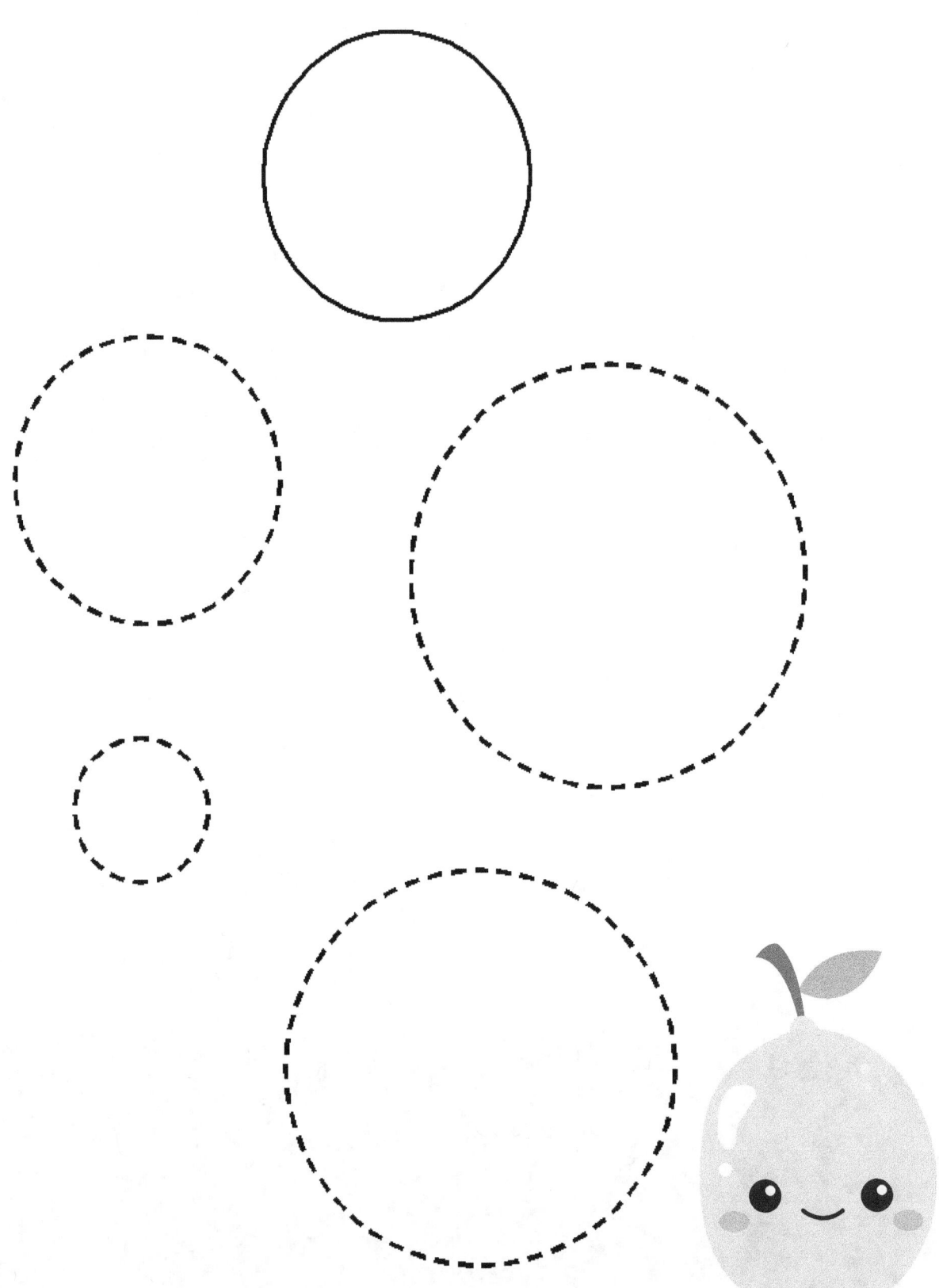

Des ronds

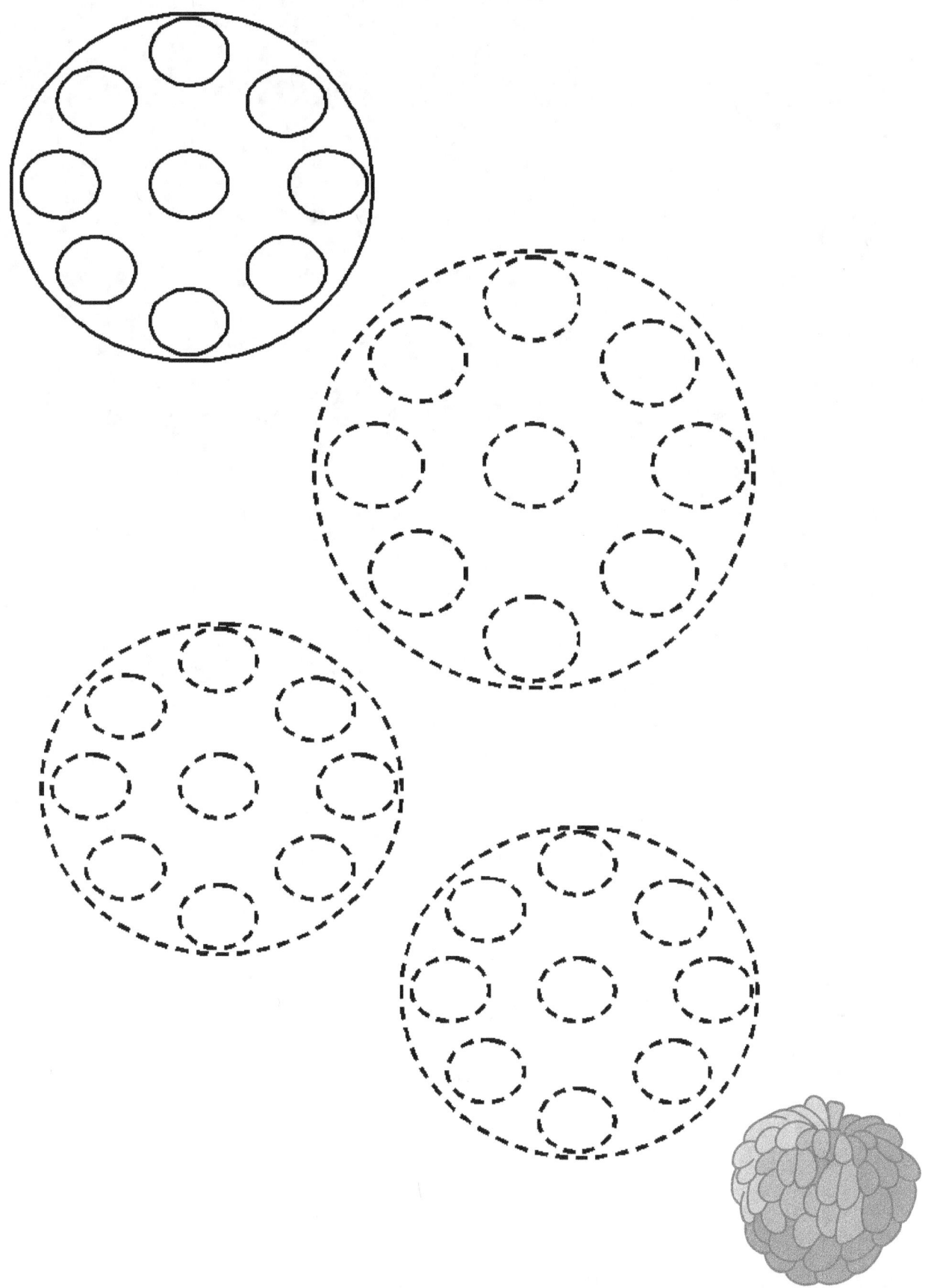

Dessine des ronds

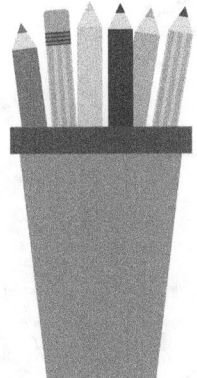

Des carrés

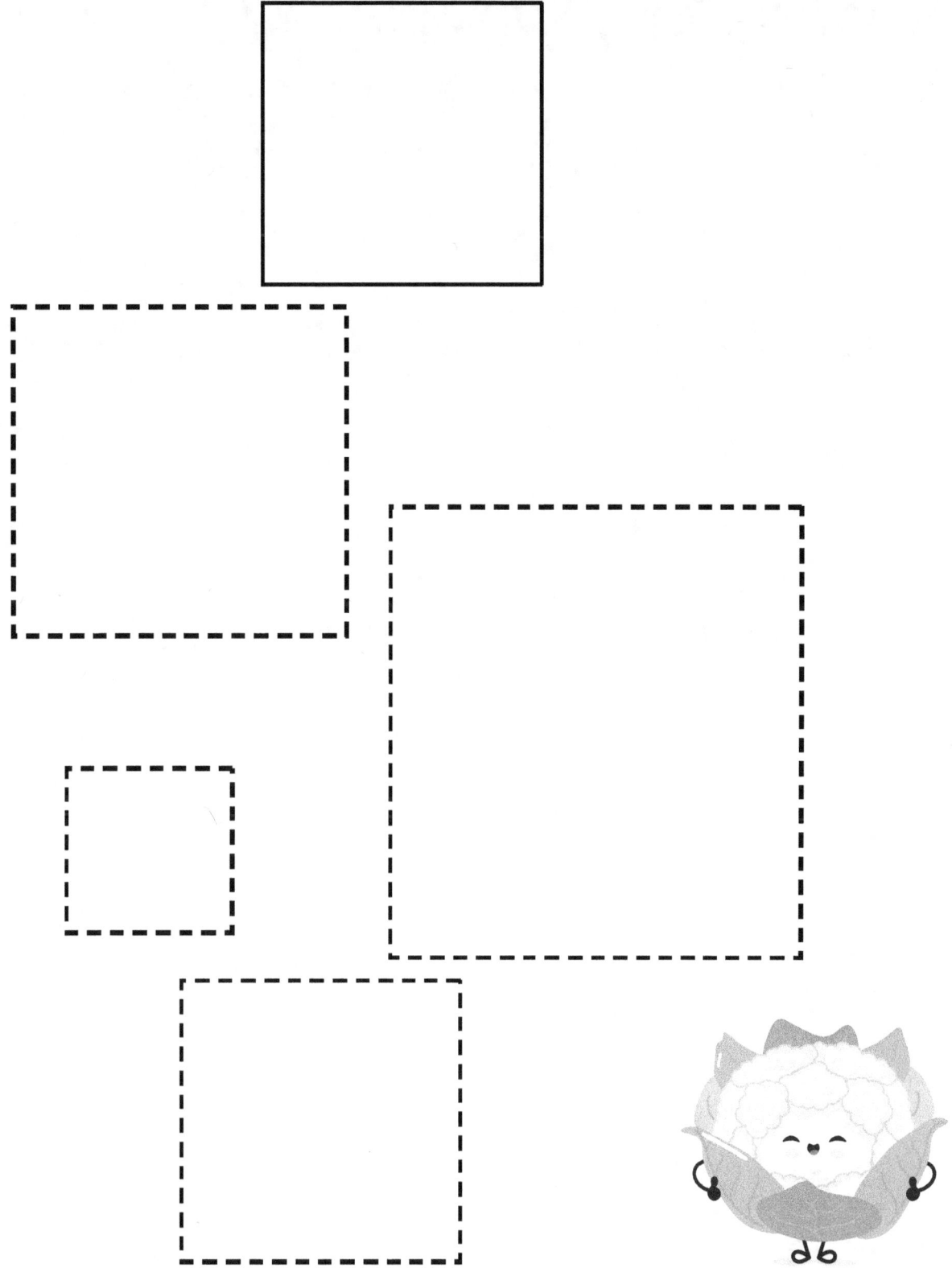

Dessine des carrés

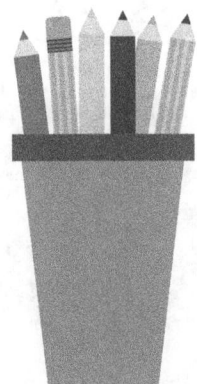

Des triangles

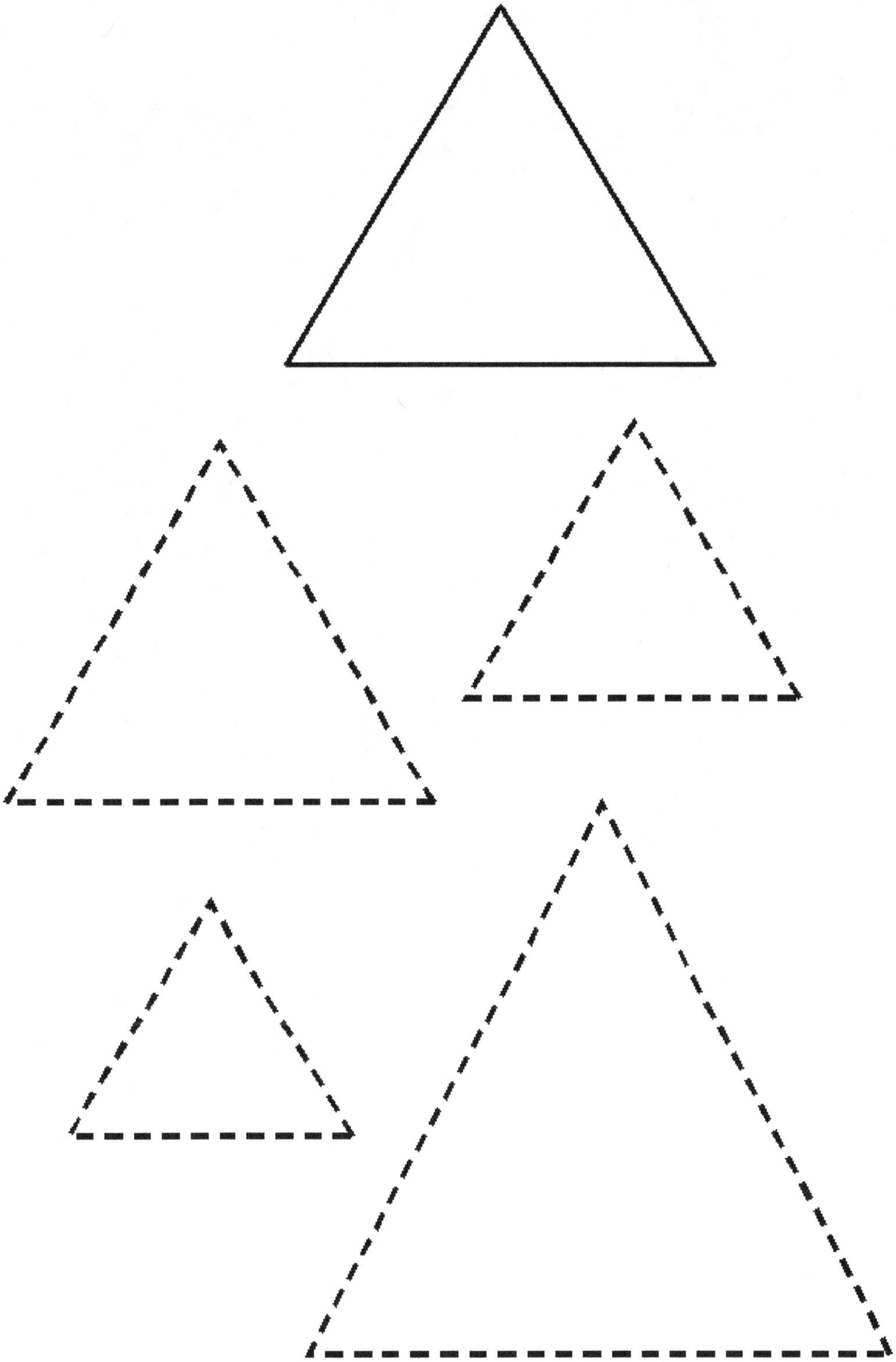

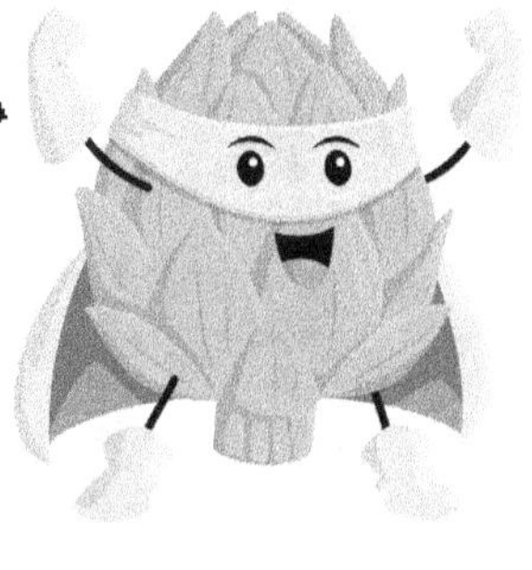

Dessine des triangles

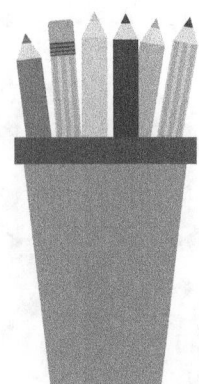

Des rectangles

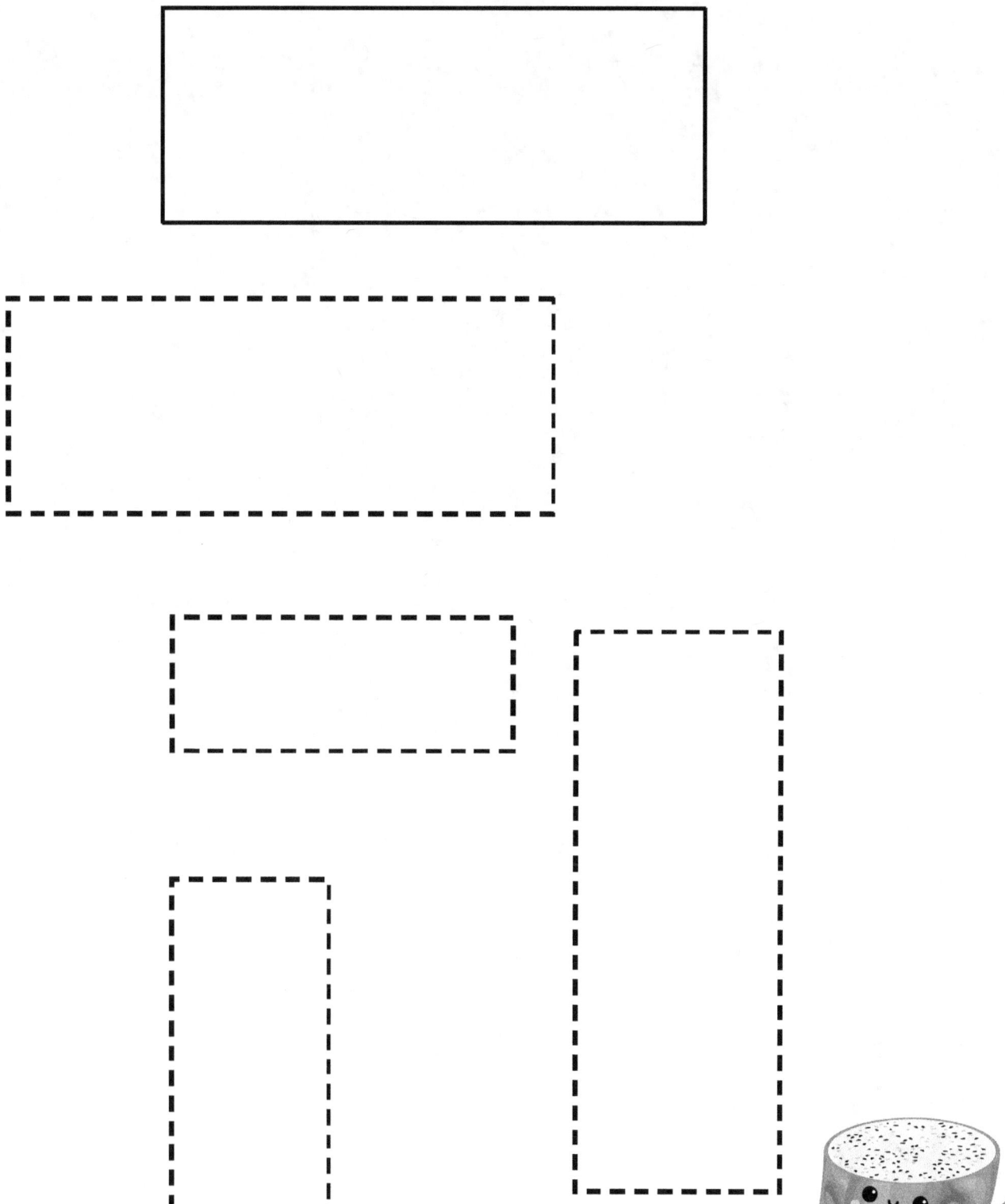

Dessine des rectangles

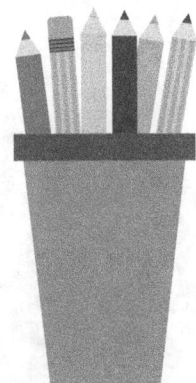

Des losanges

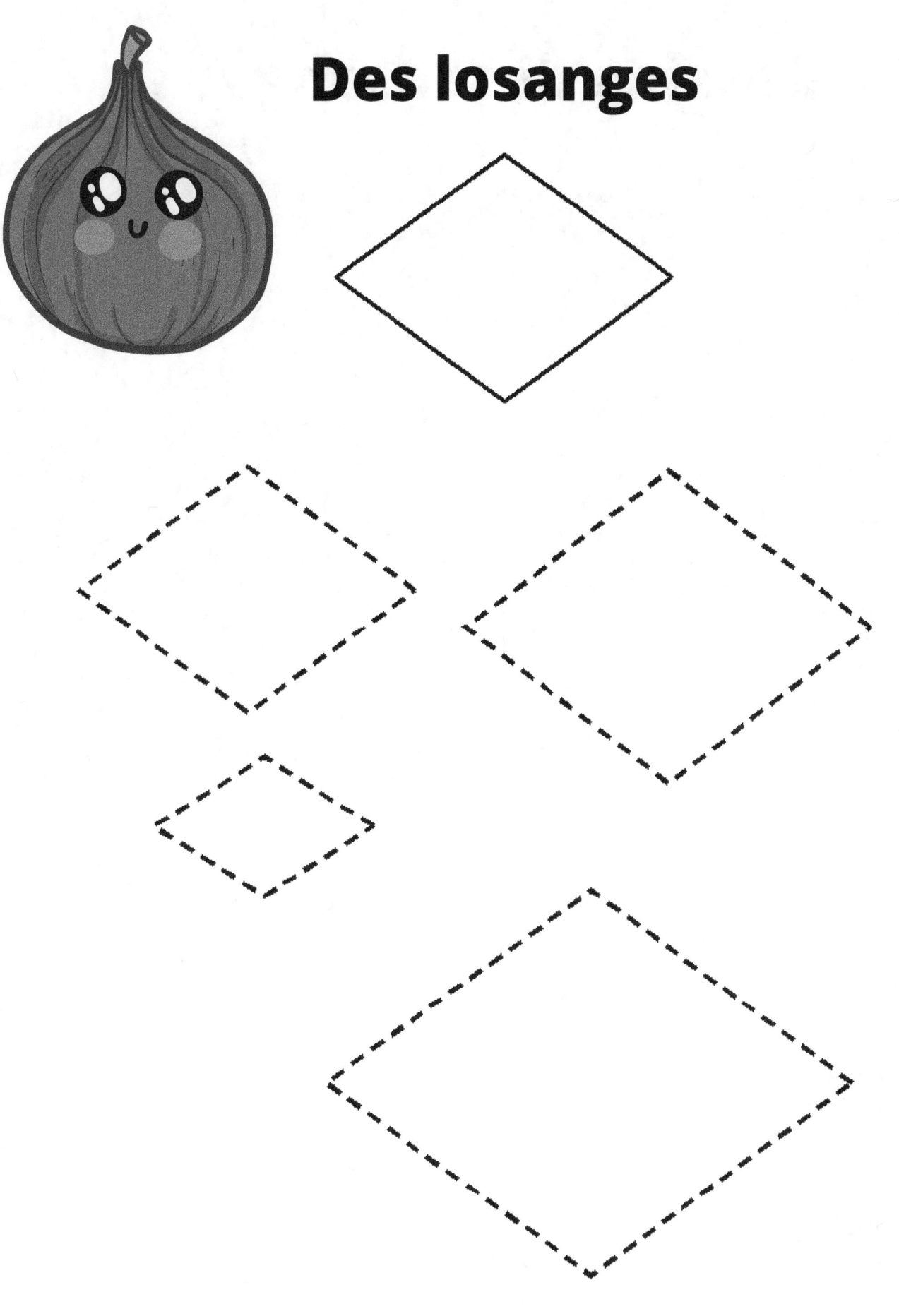

Dessine des losanges

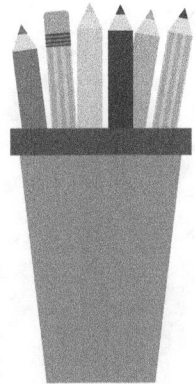

Des hexagones

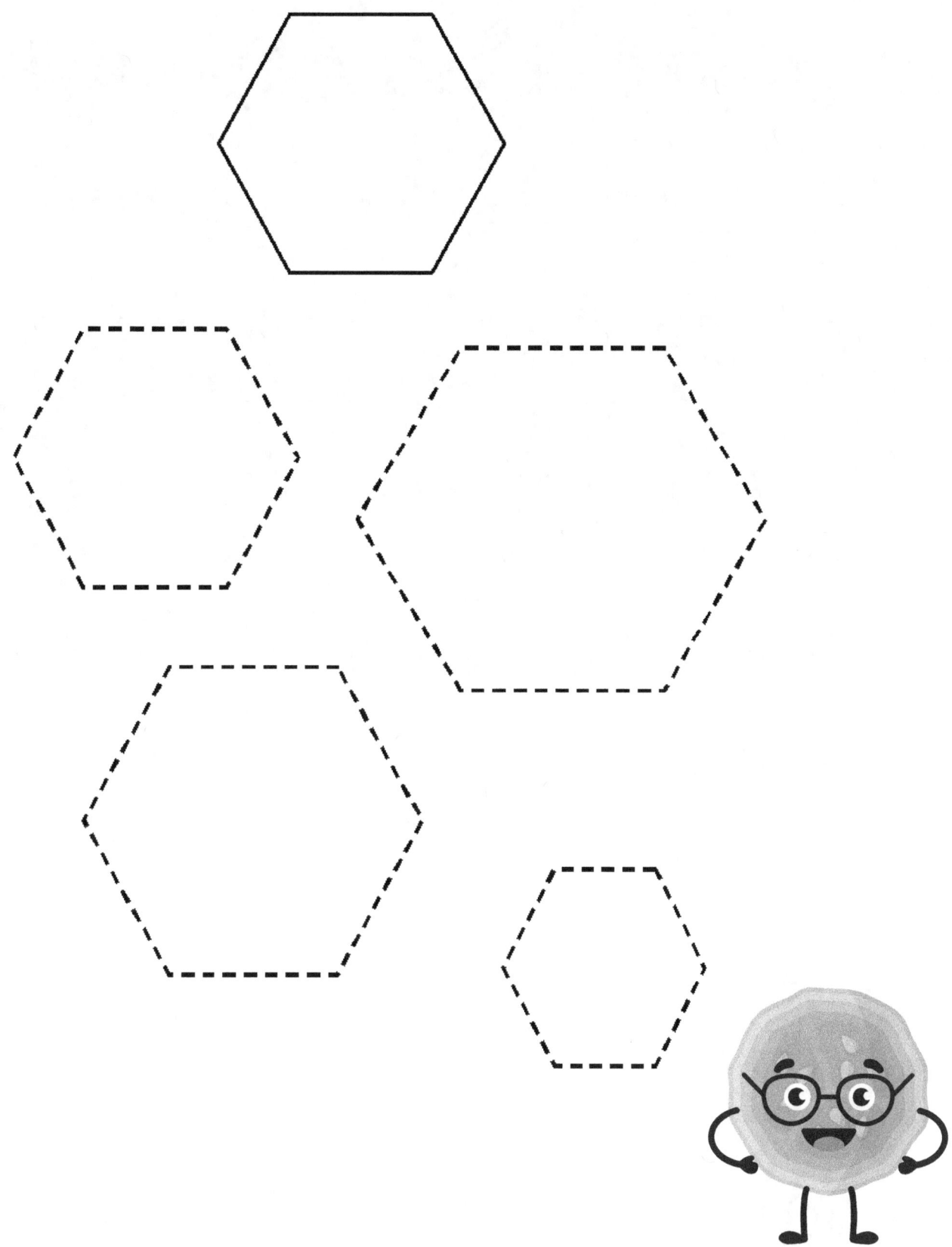

Dessine des hexagones

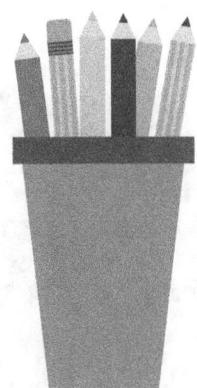

Des pentagones

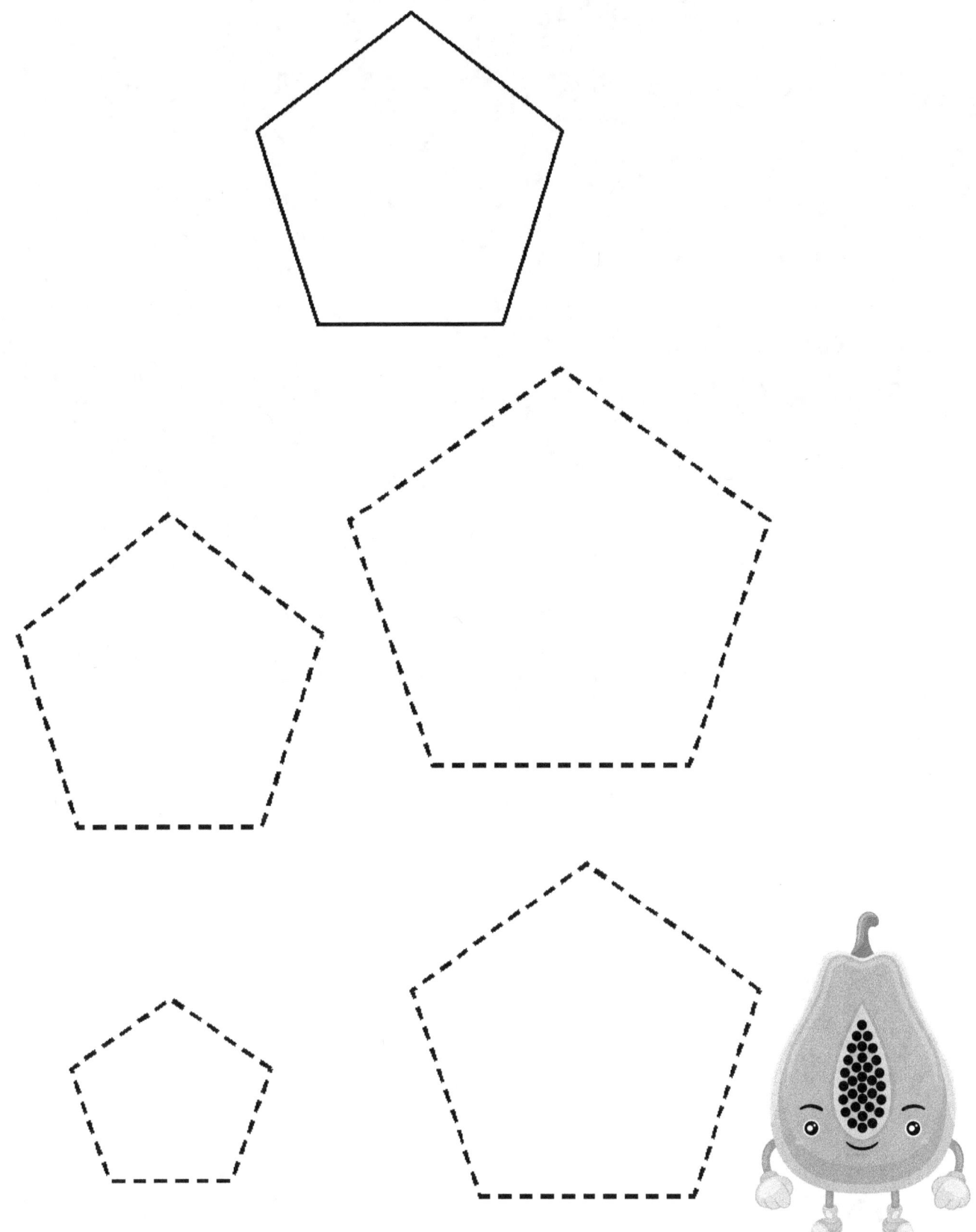

Dessine des pentagones

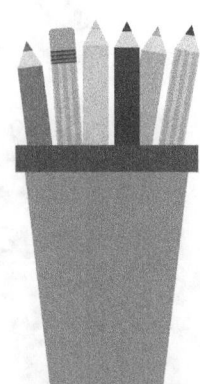

Des arcs

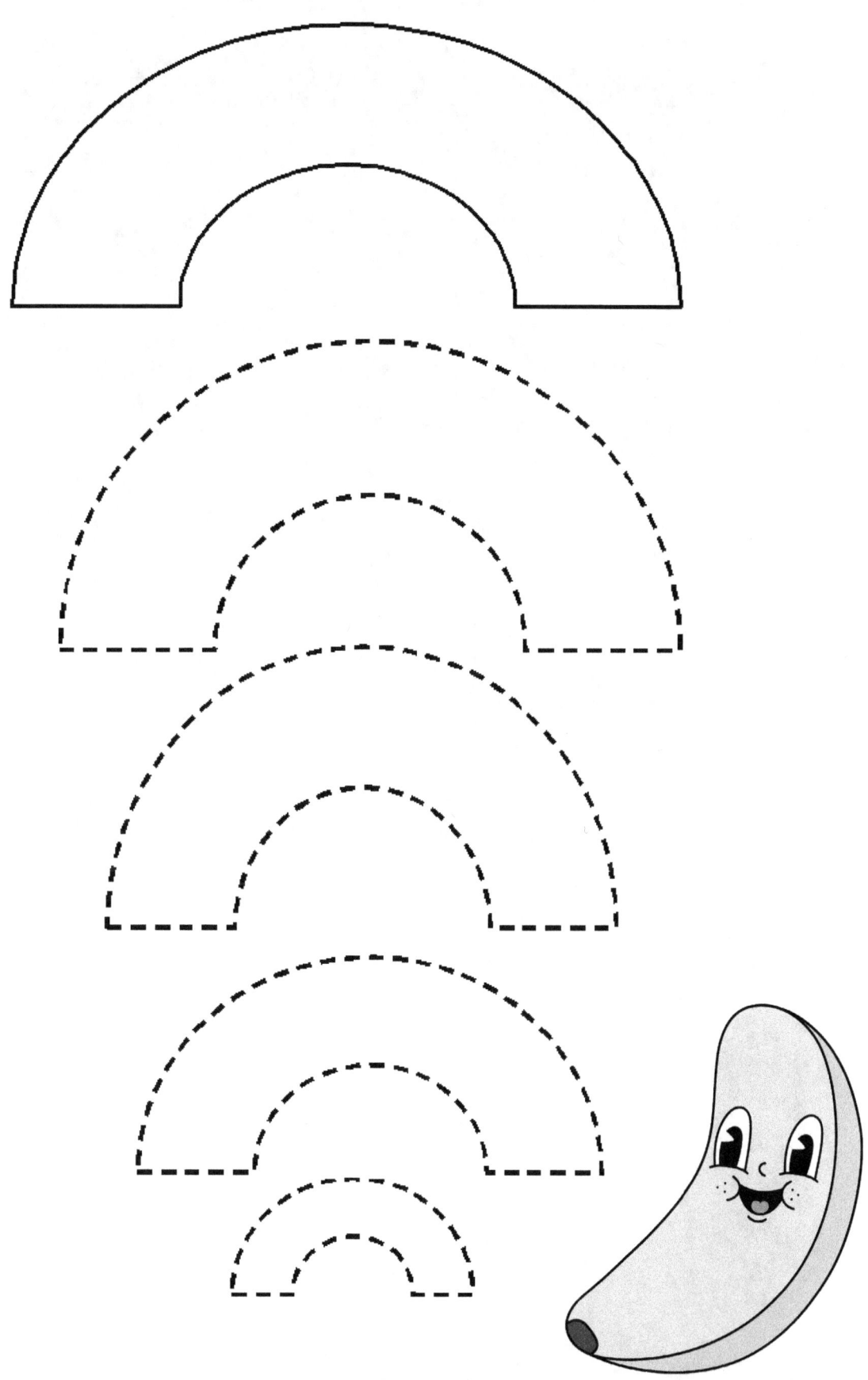

Dessine des arcs

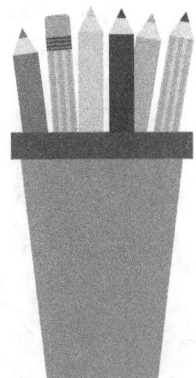

Des lunes

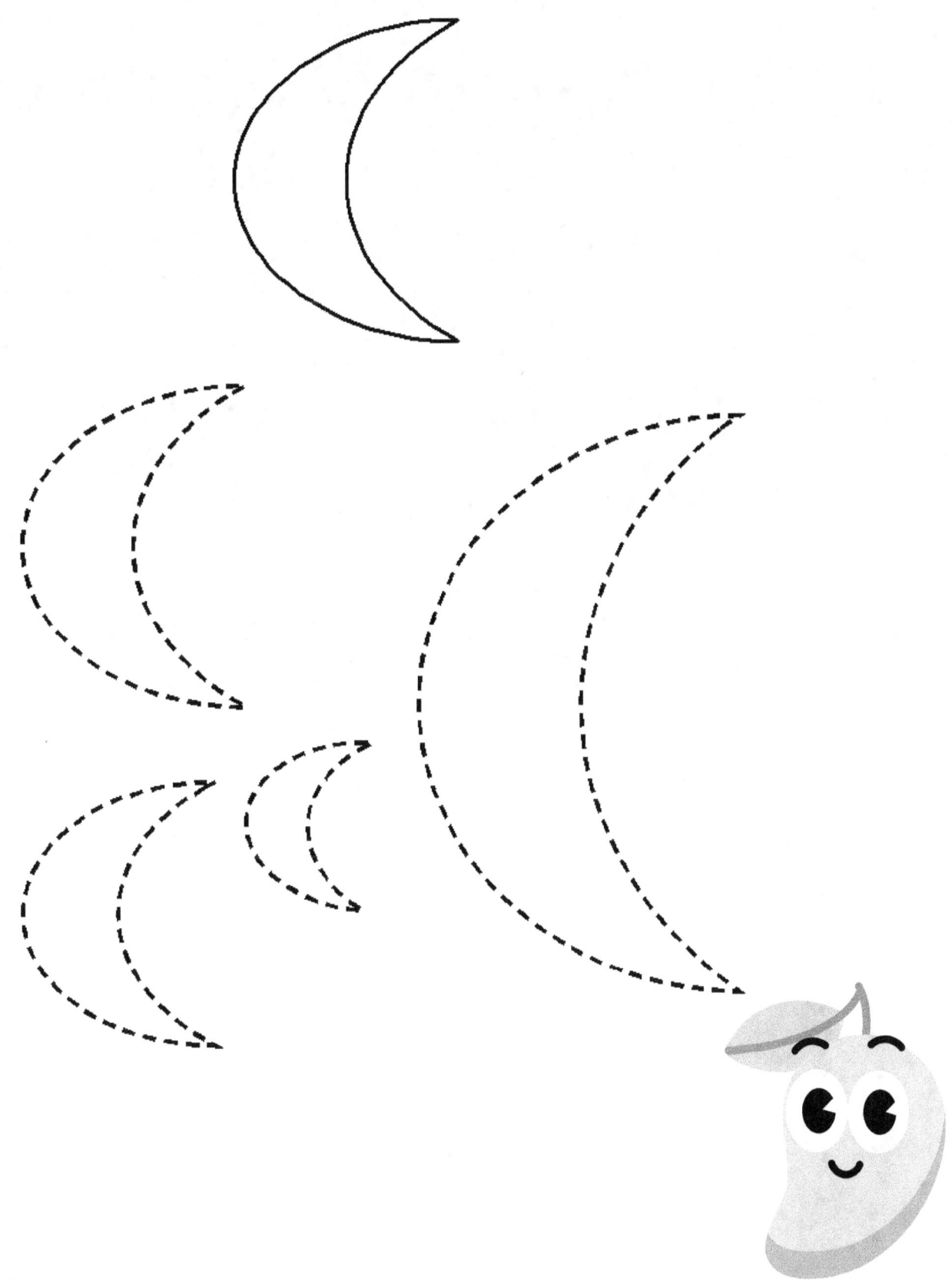

Dessine des lunes

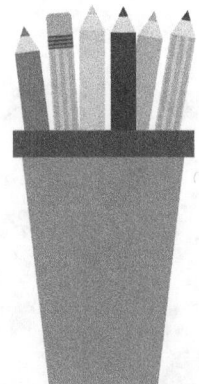

Des coeurs

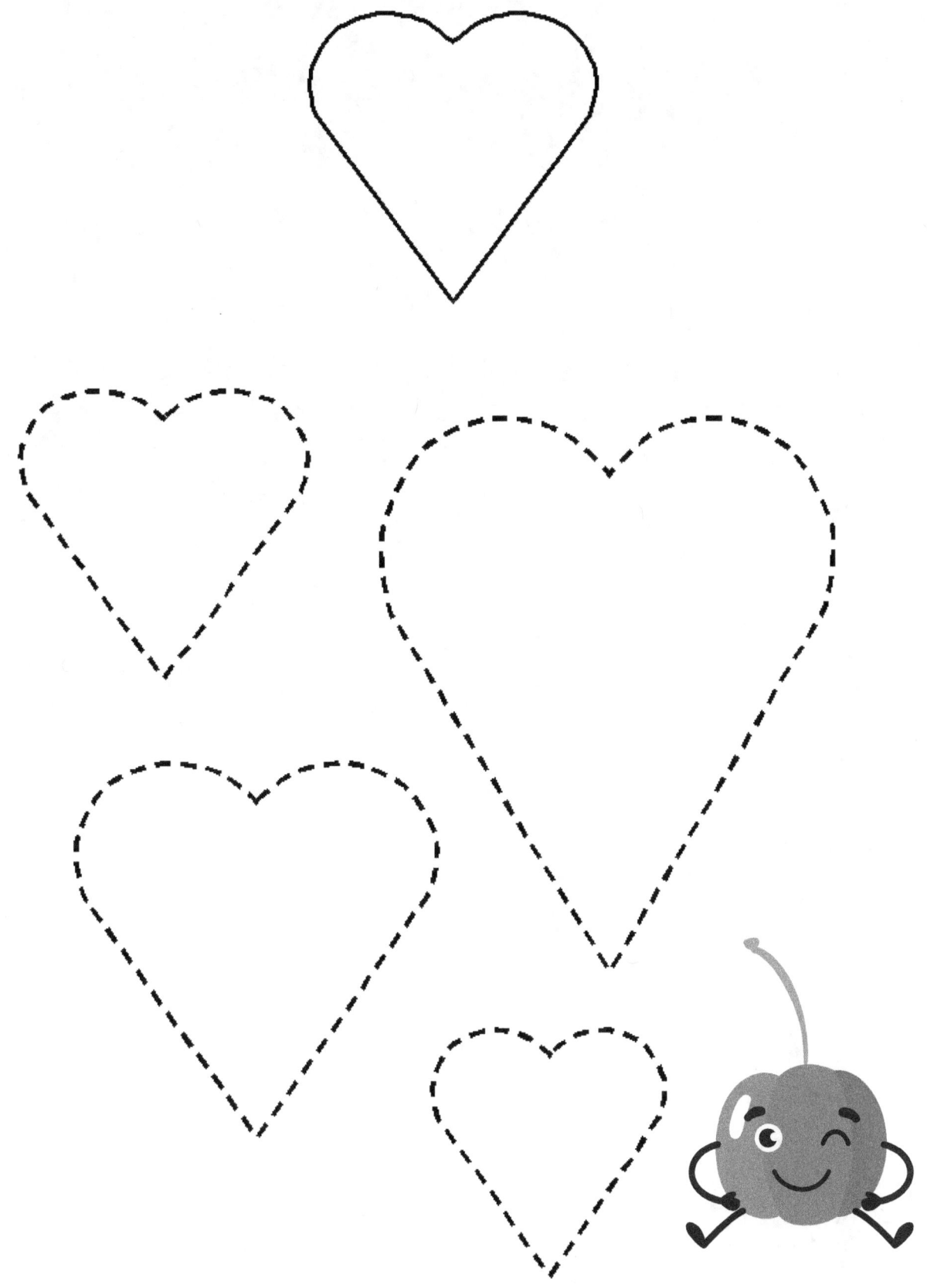

Dessine des coeurs

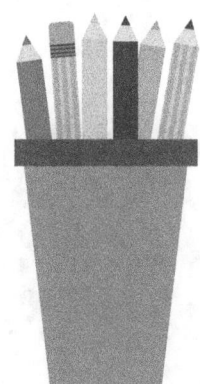

Des flèches

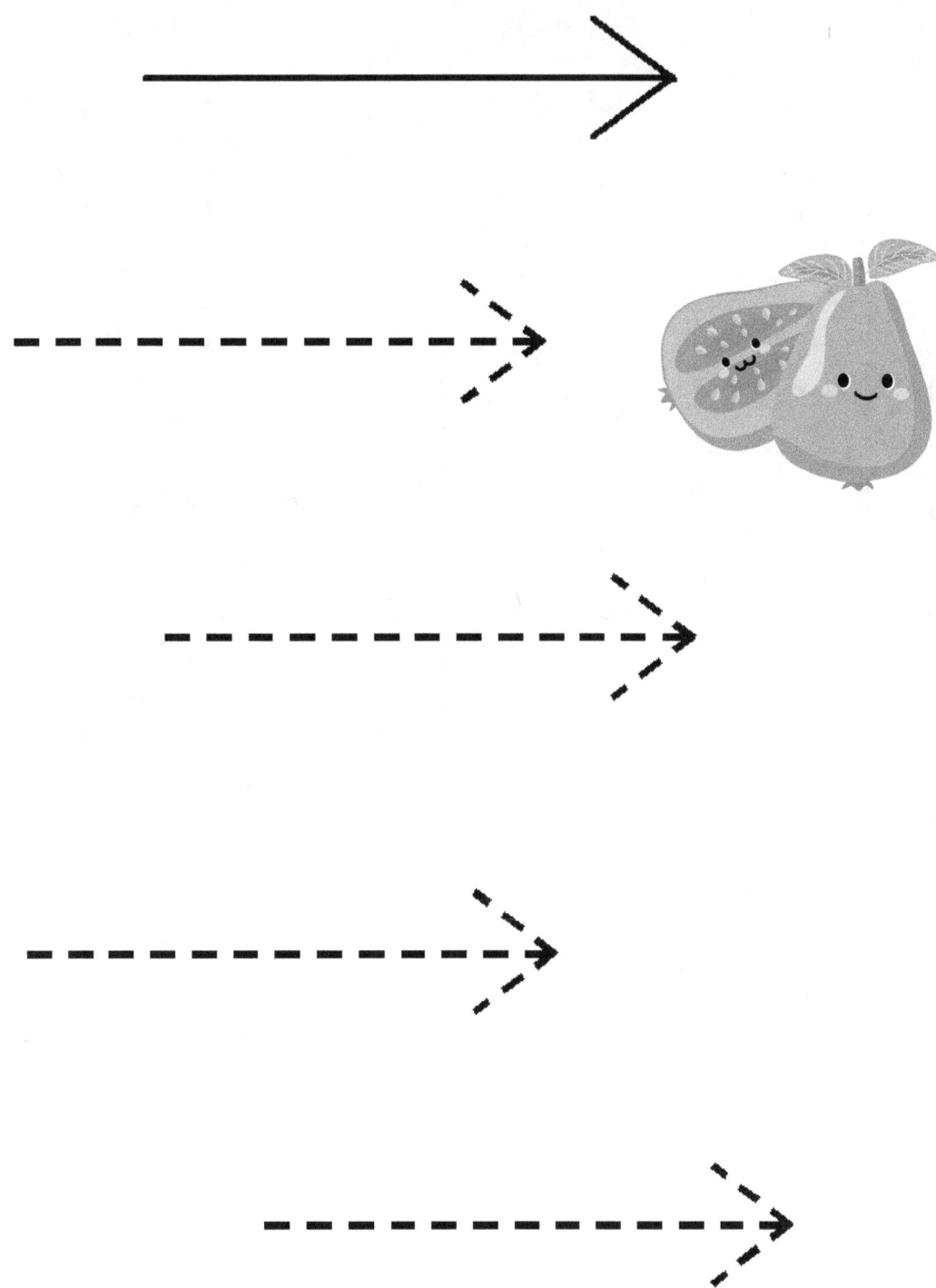

Des flèches

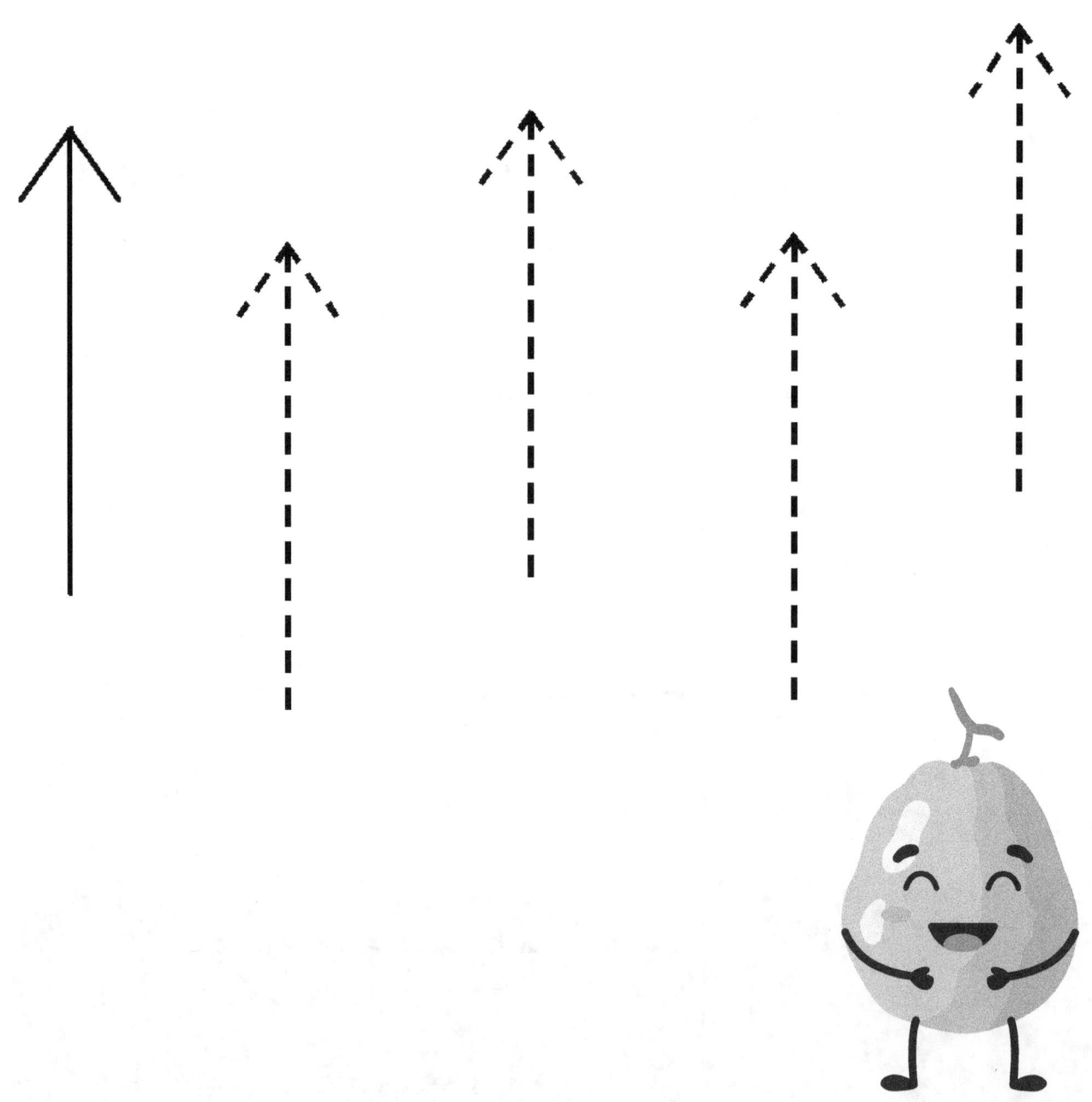

Des flèches

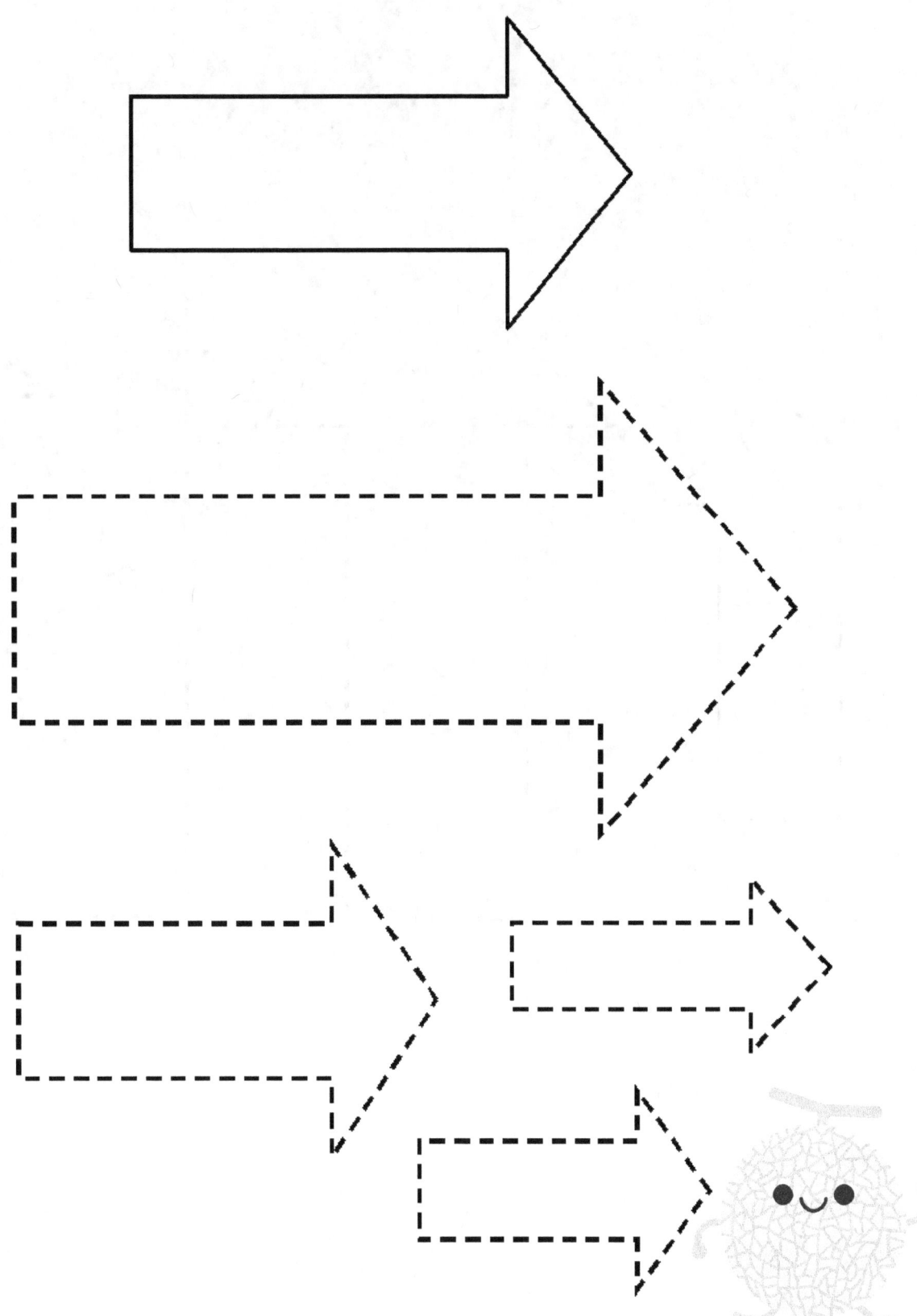

Des flèches

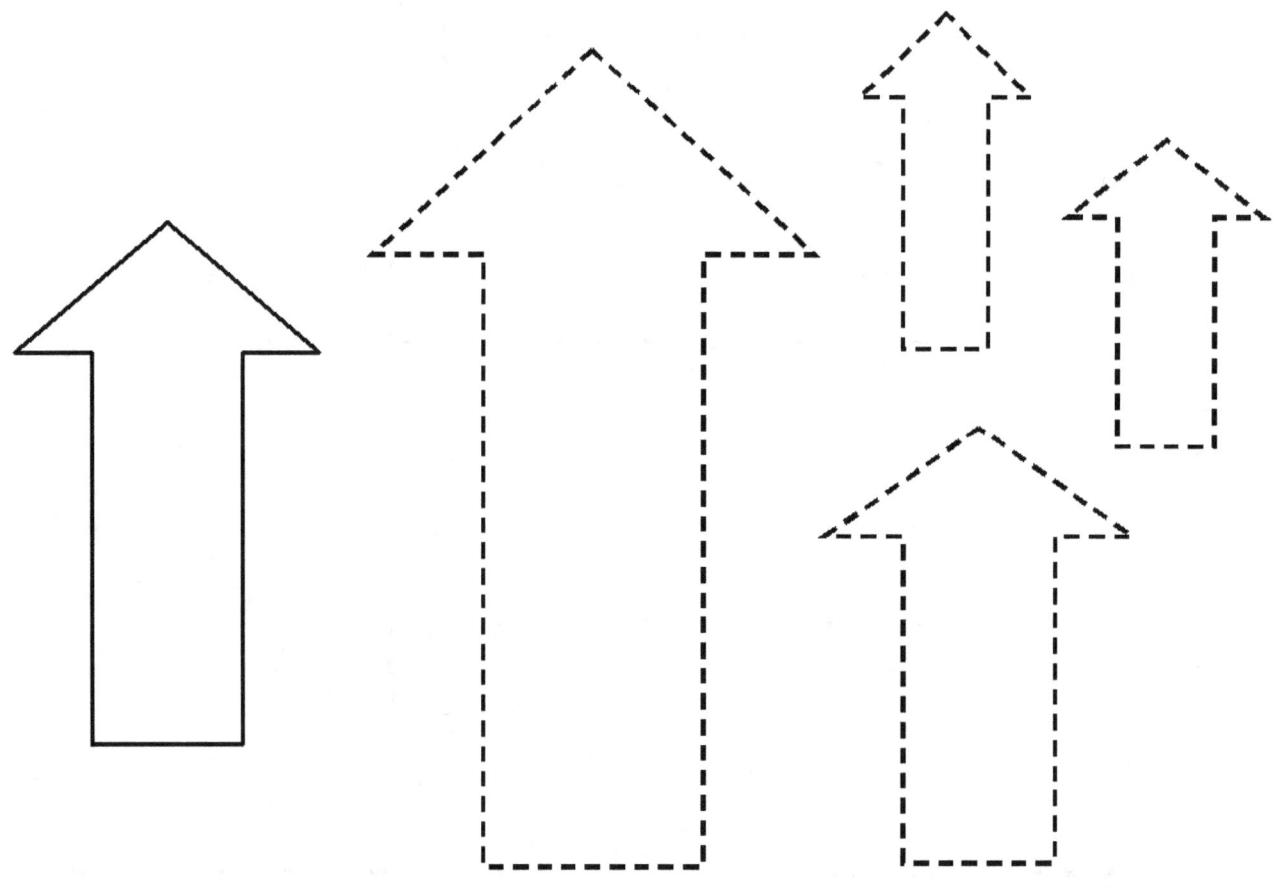

Dessine des flèches

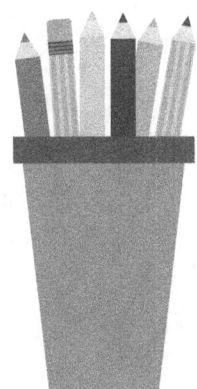

Des étoiles

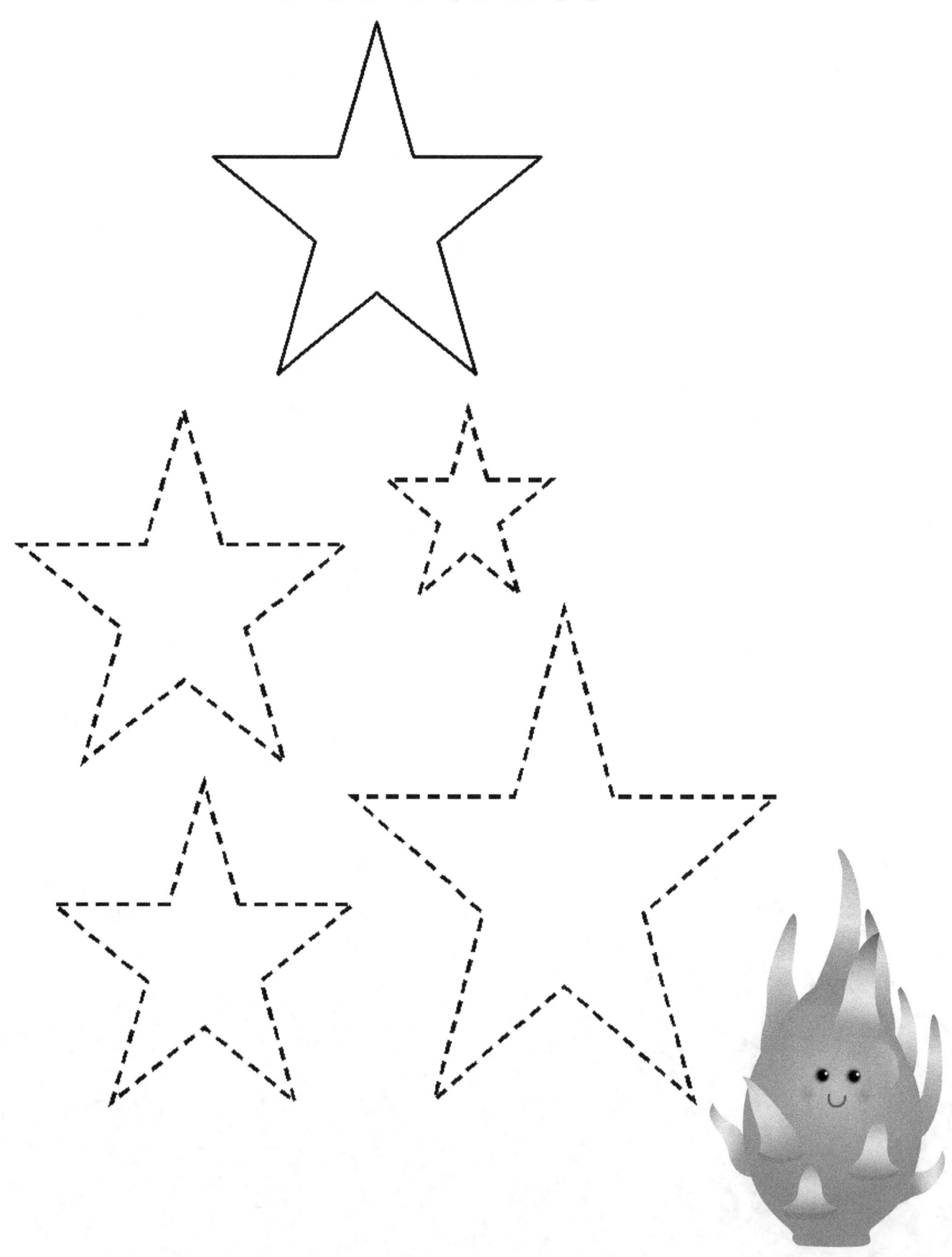

Dessine des étoiles

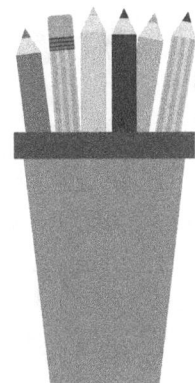

Des croix

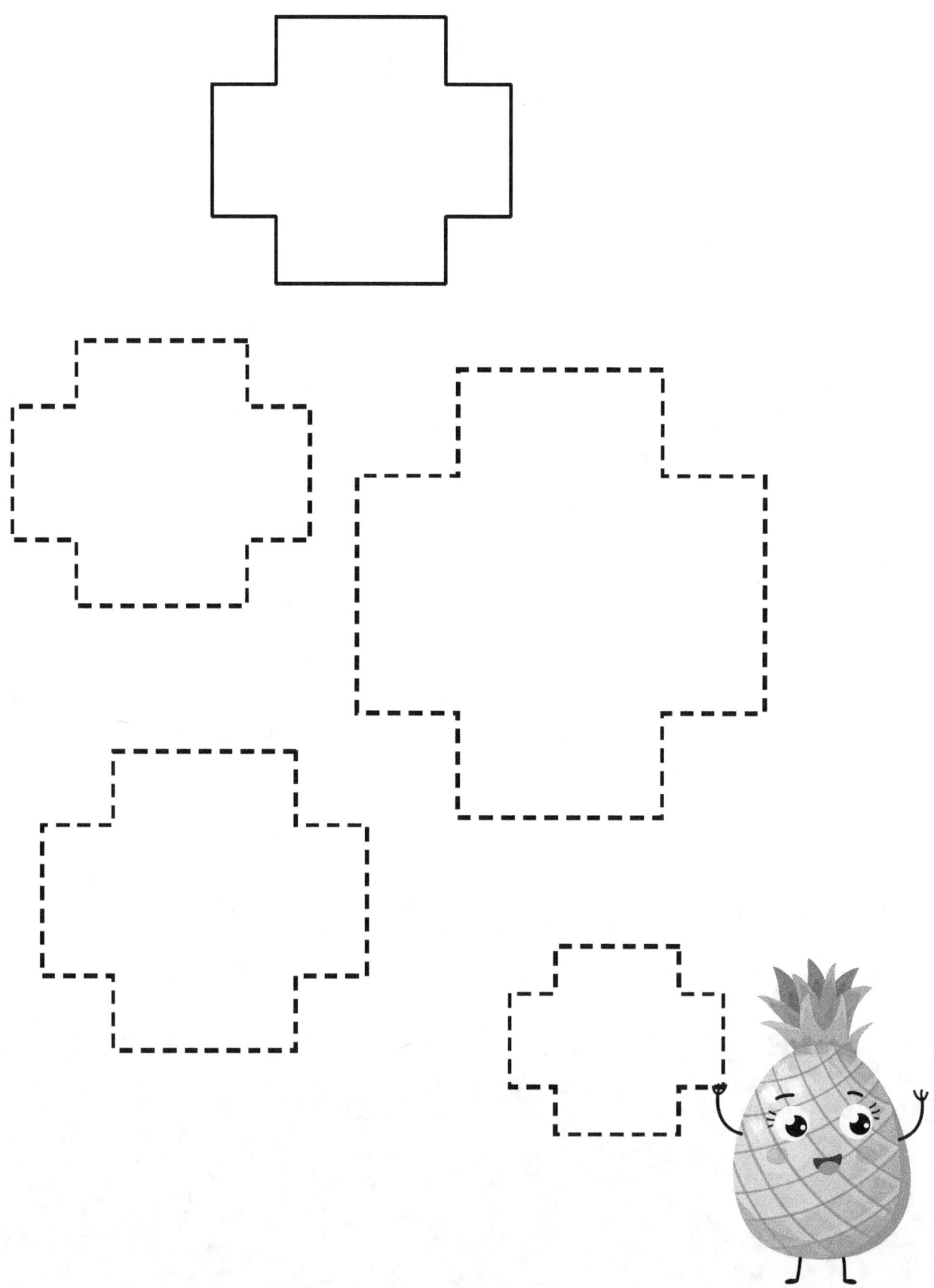

Dessine des croix

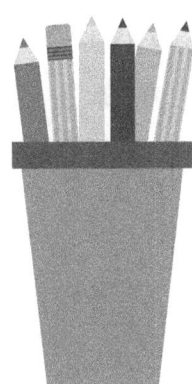

Des emojis

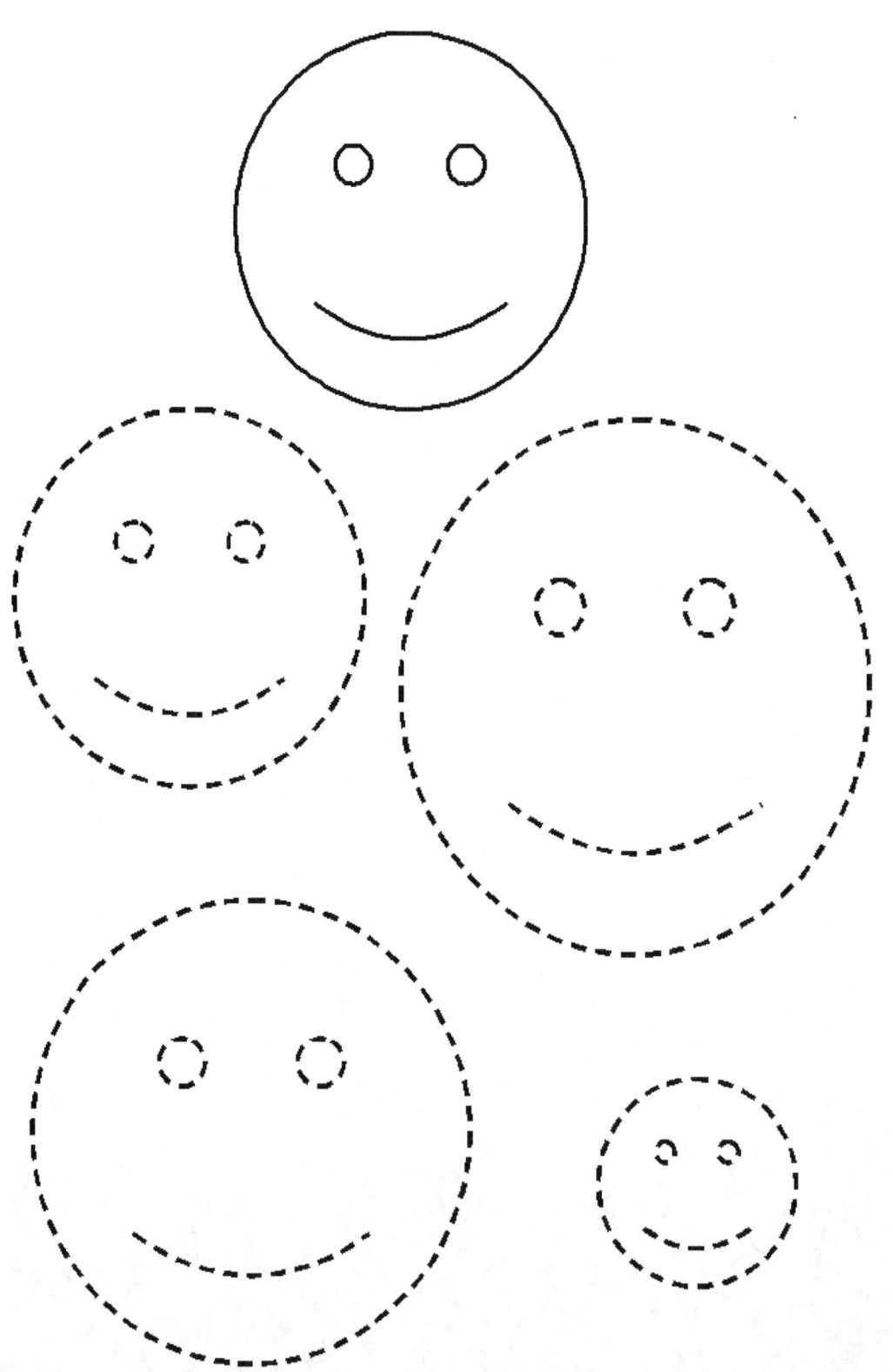

Des emojis

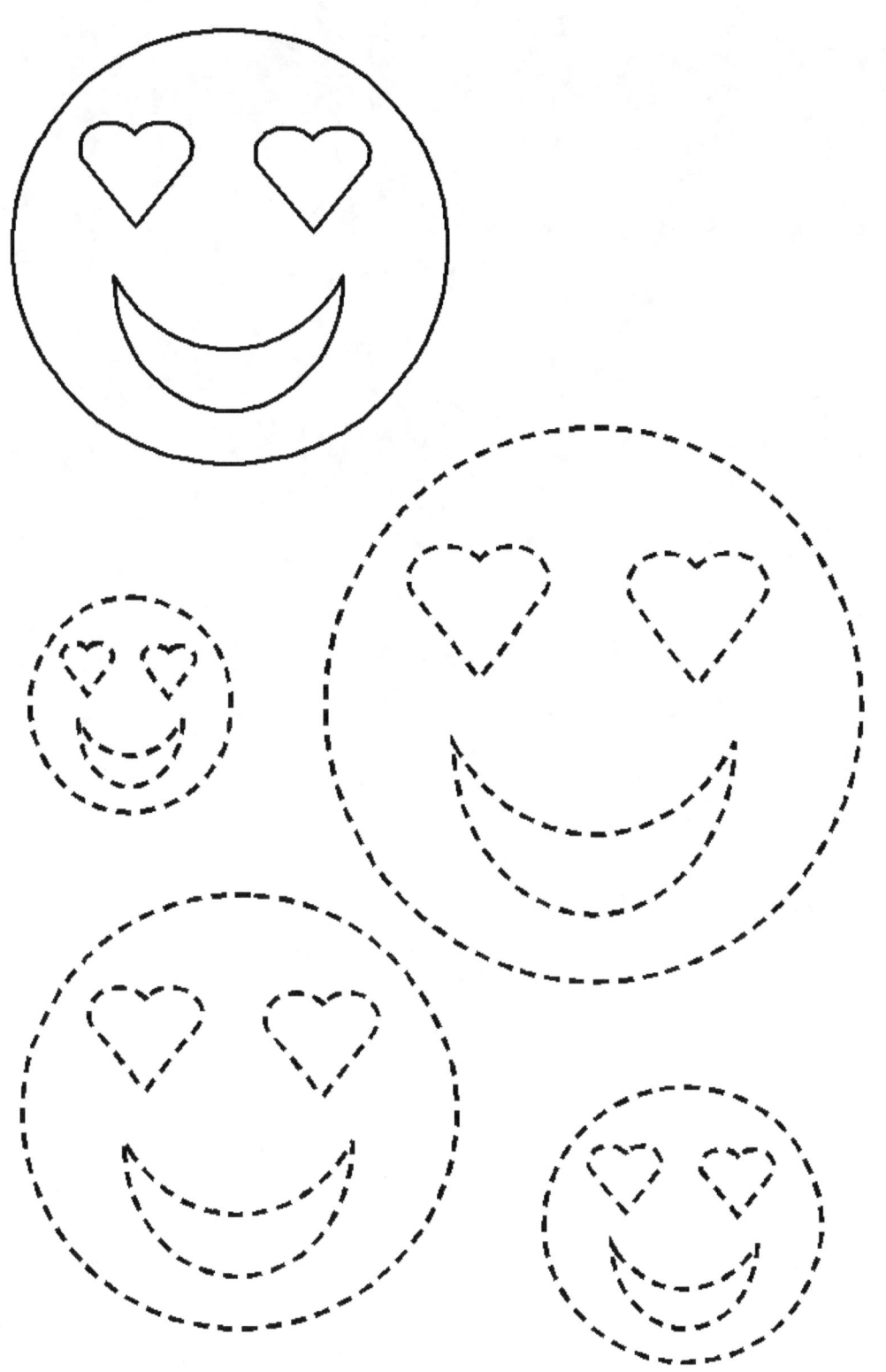

Dessine des emojis

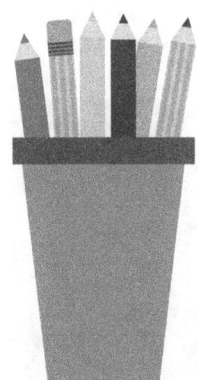

Des eclairs

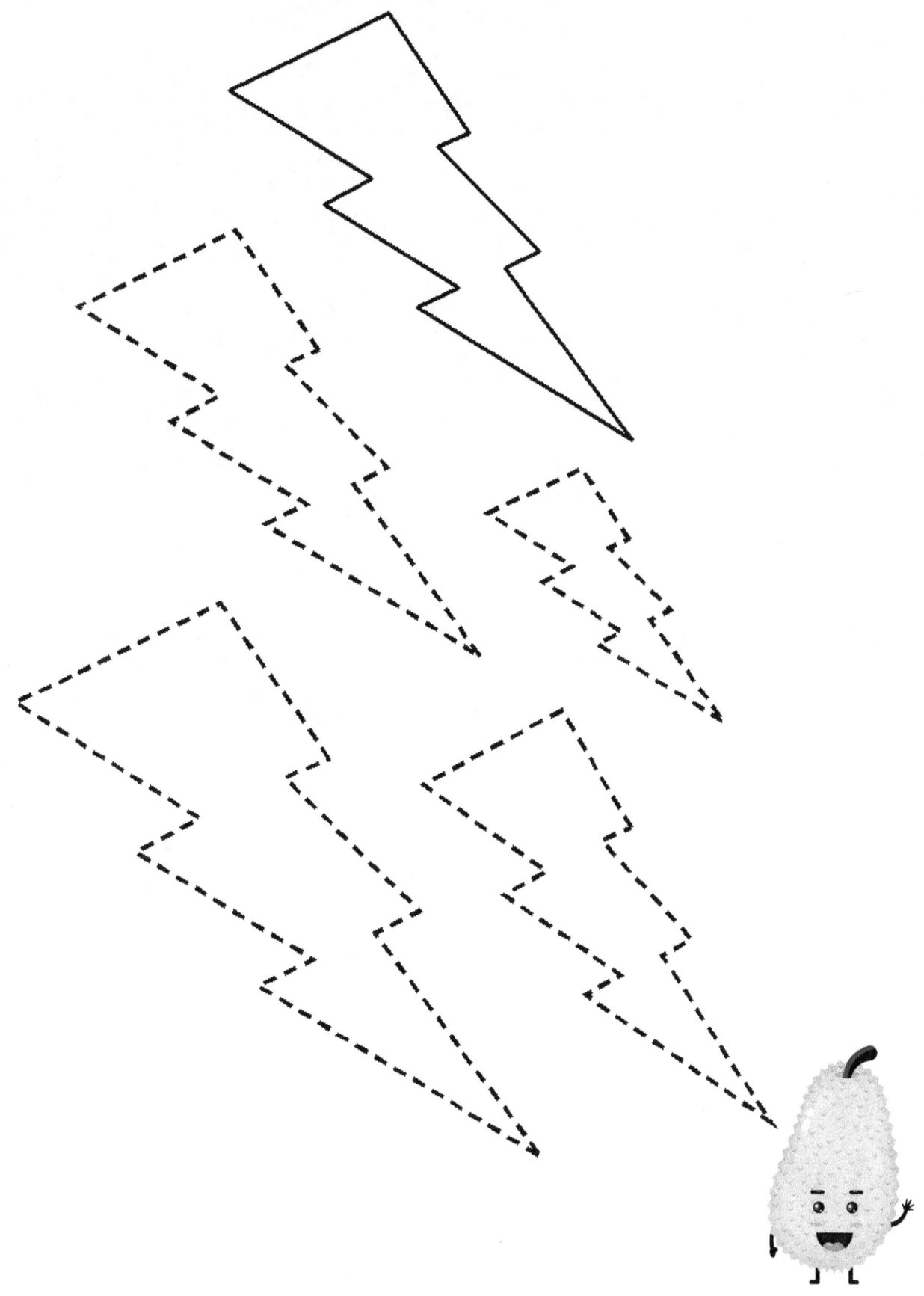

Dessine des eclairs

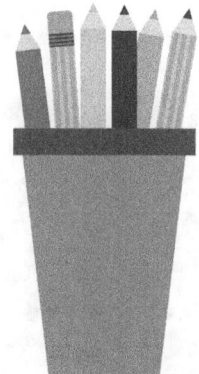

Des soleils

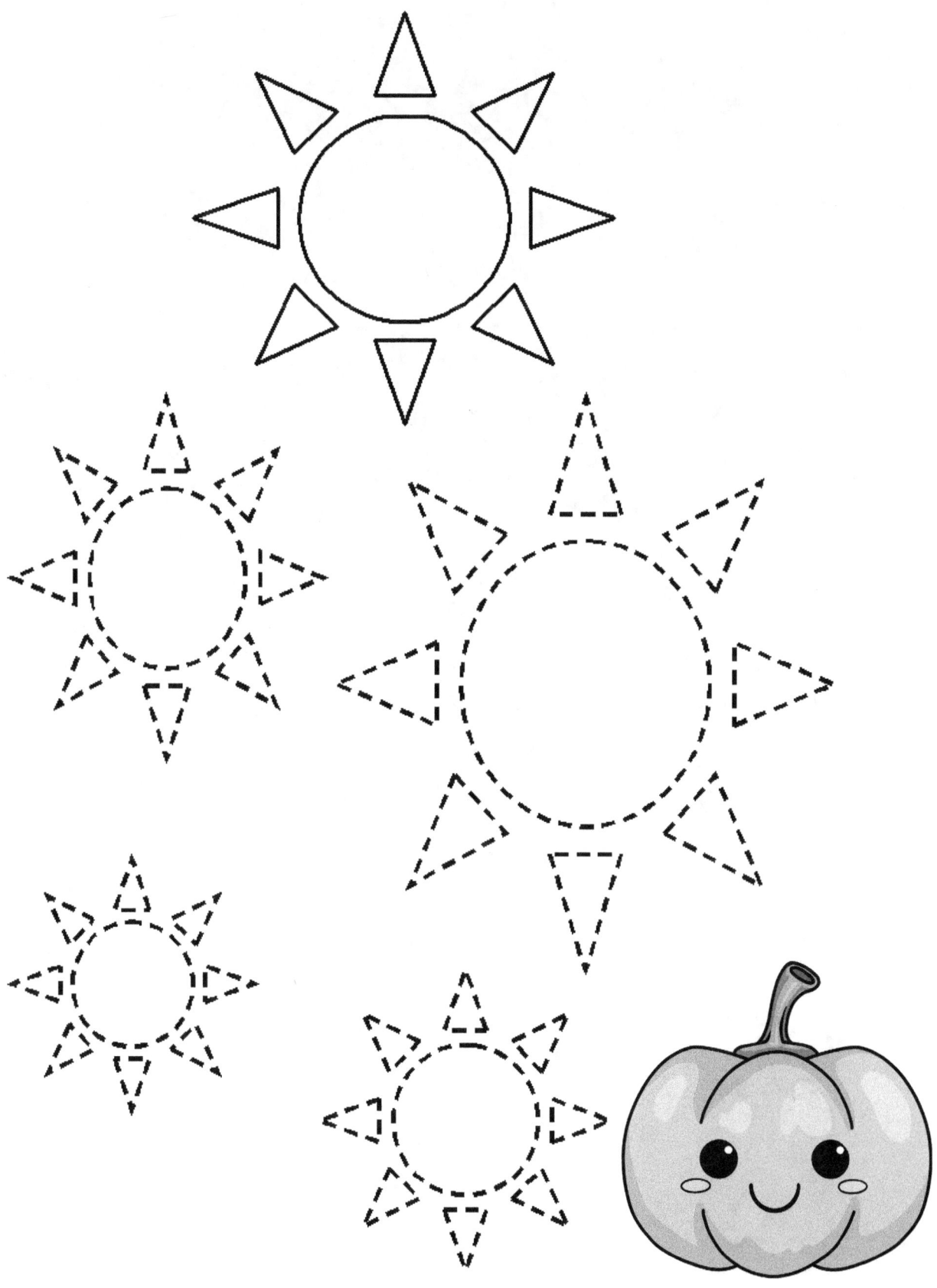

Dessine des soleils

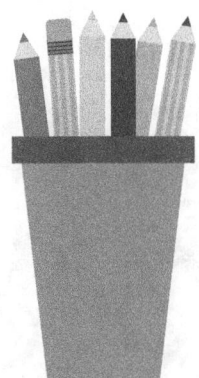

Une maison

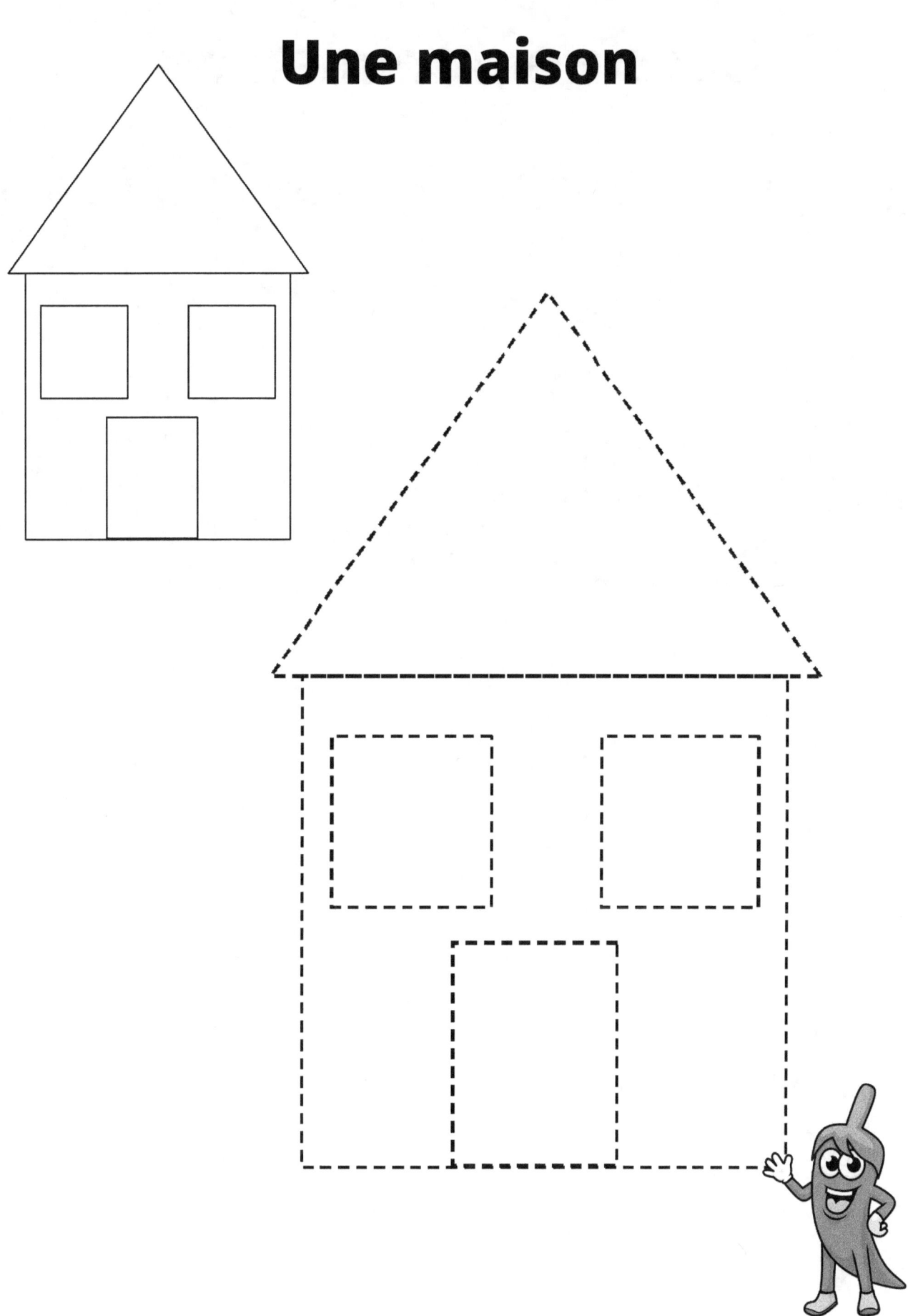

Dessine une maison

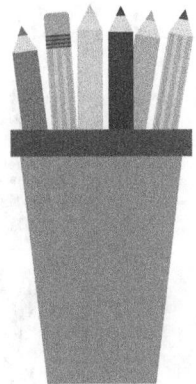

Des poissons

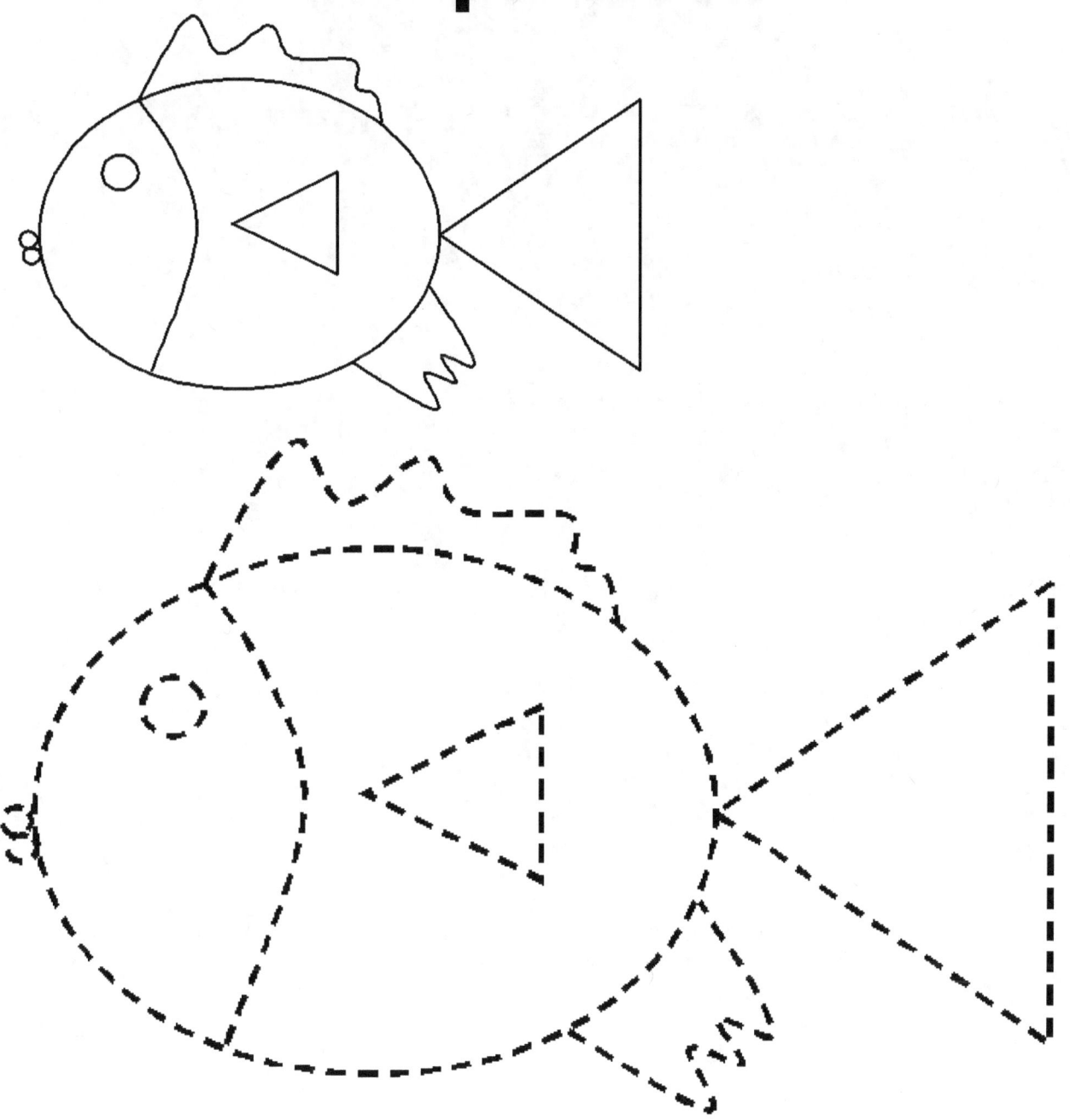

Dessine des poissons

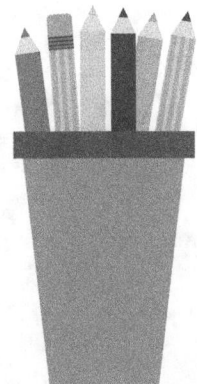

Des fleurs

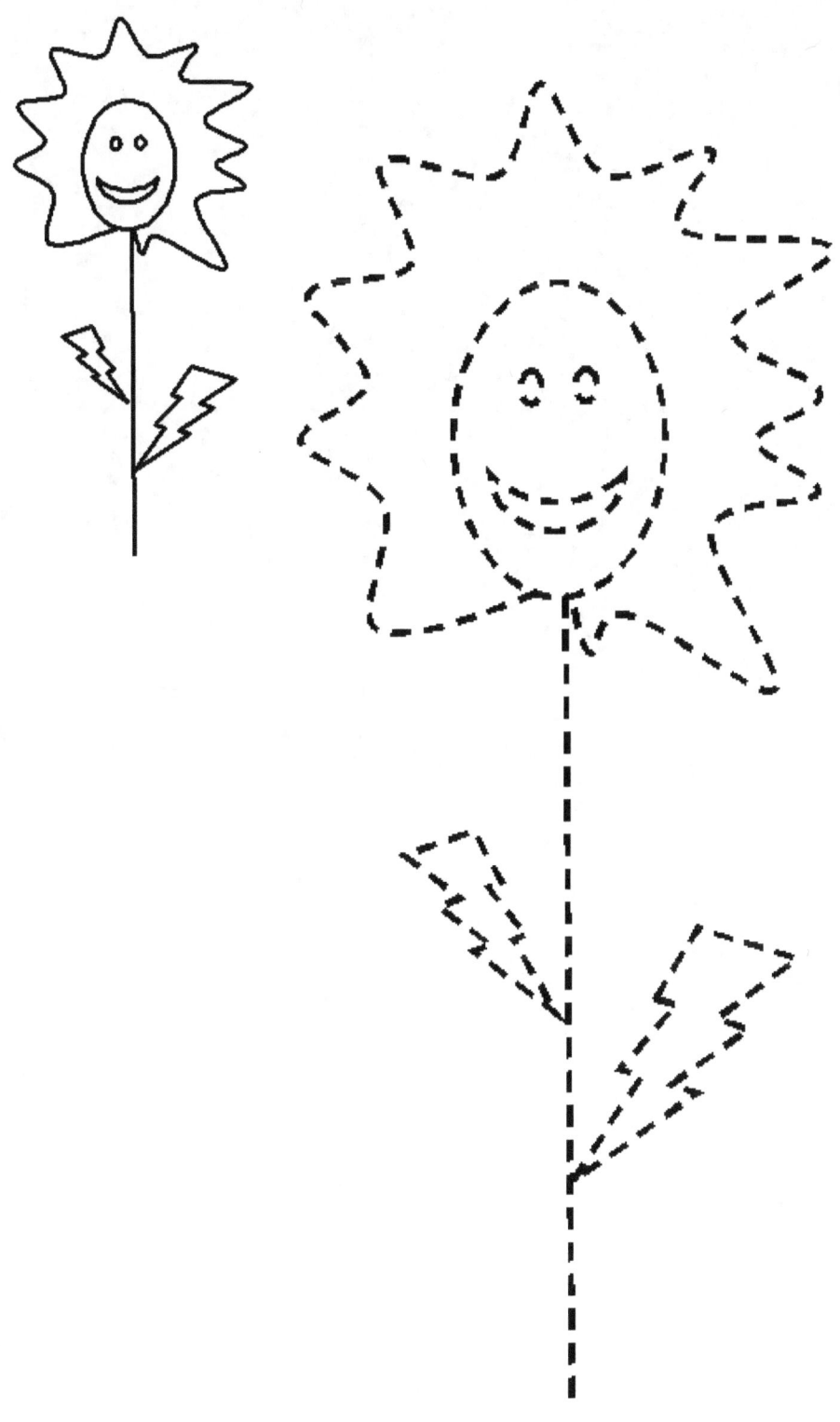

Dessine des fleurs

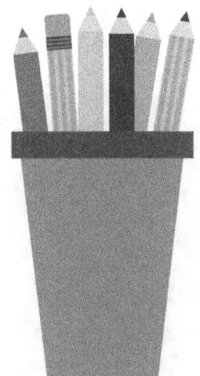

Des bonhommes

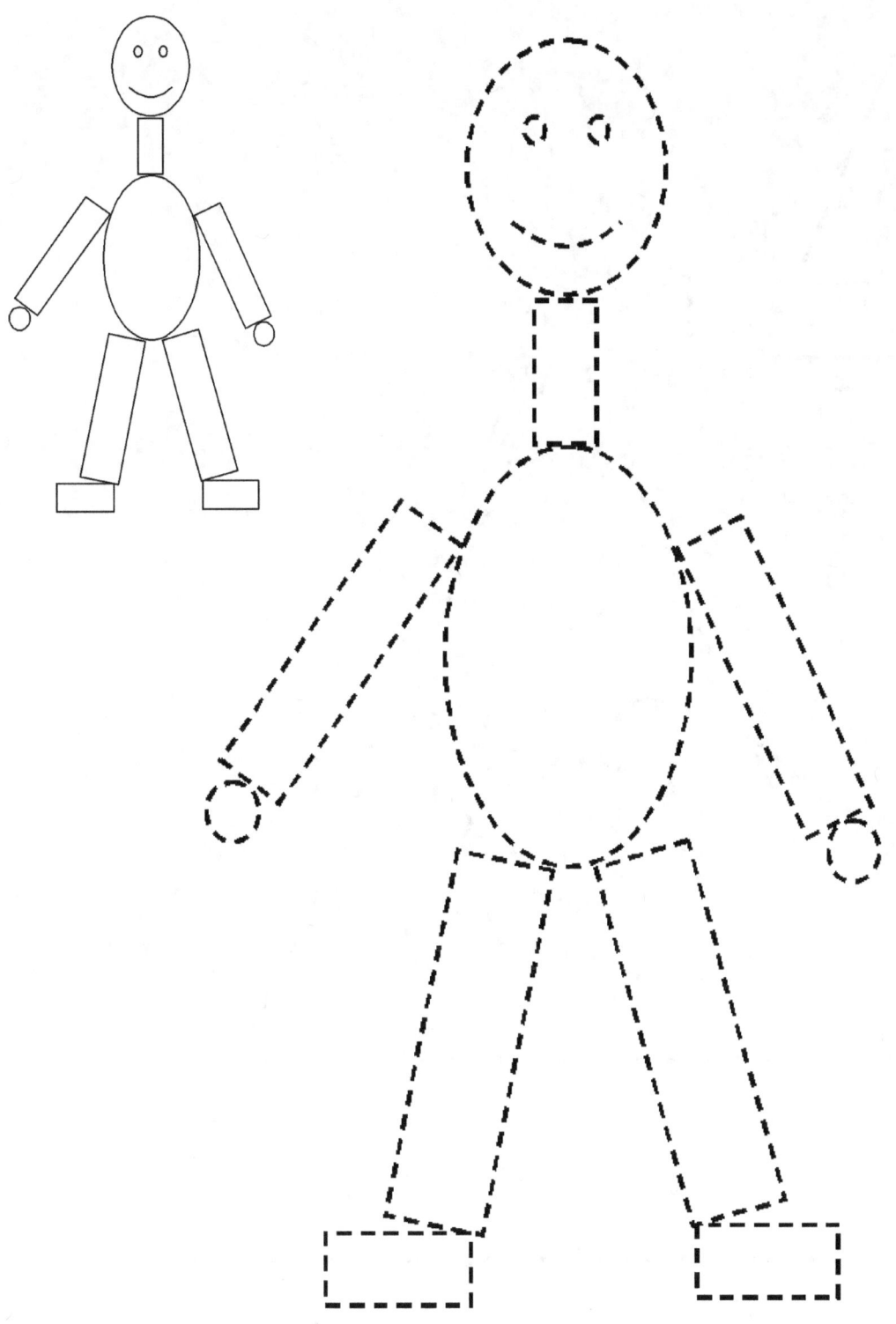

Un bonhomme

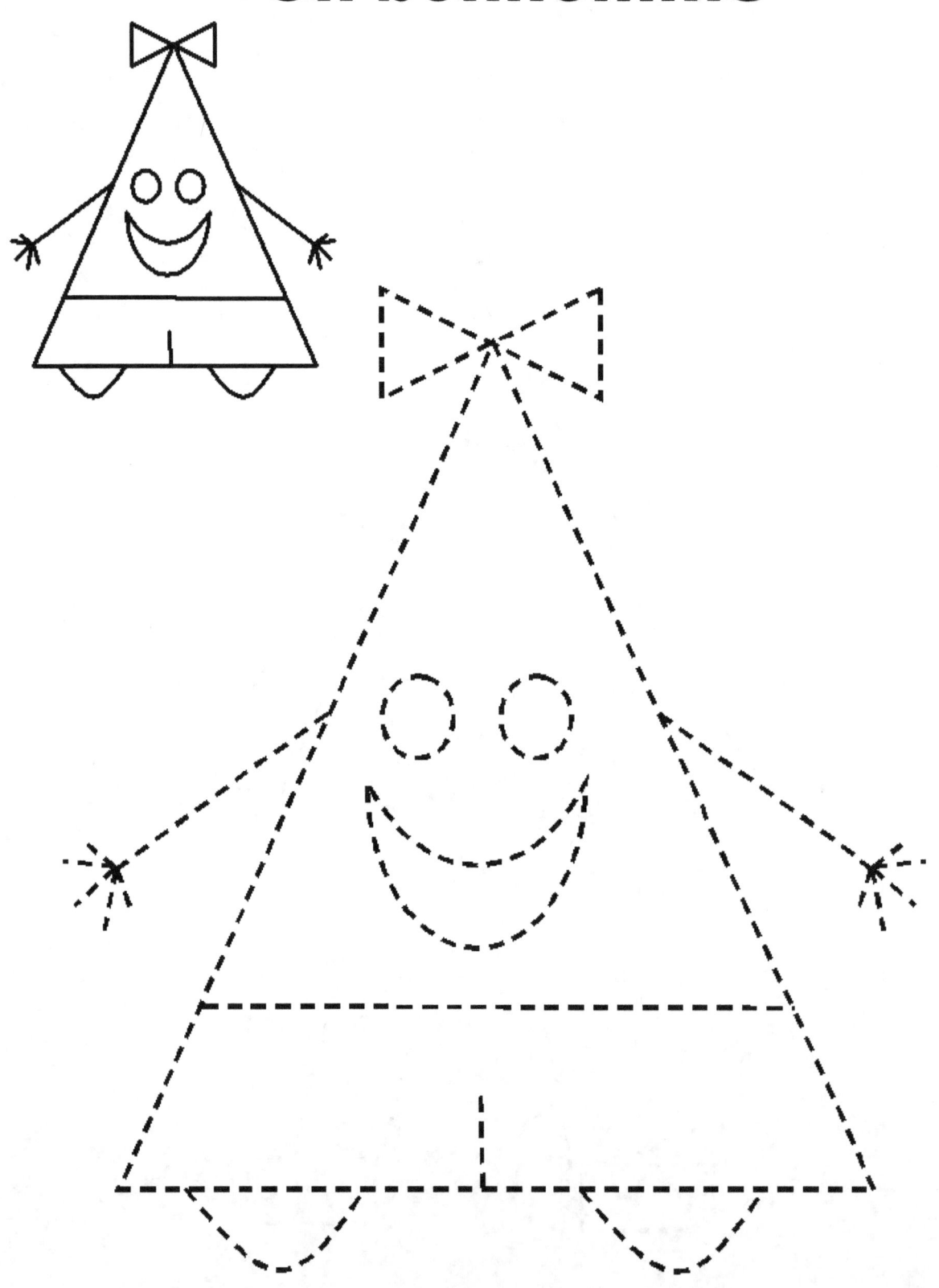

Dessine des bonhommes

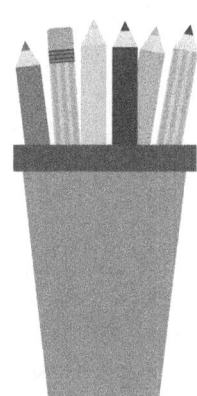

Un robot

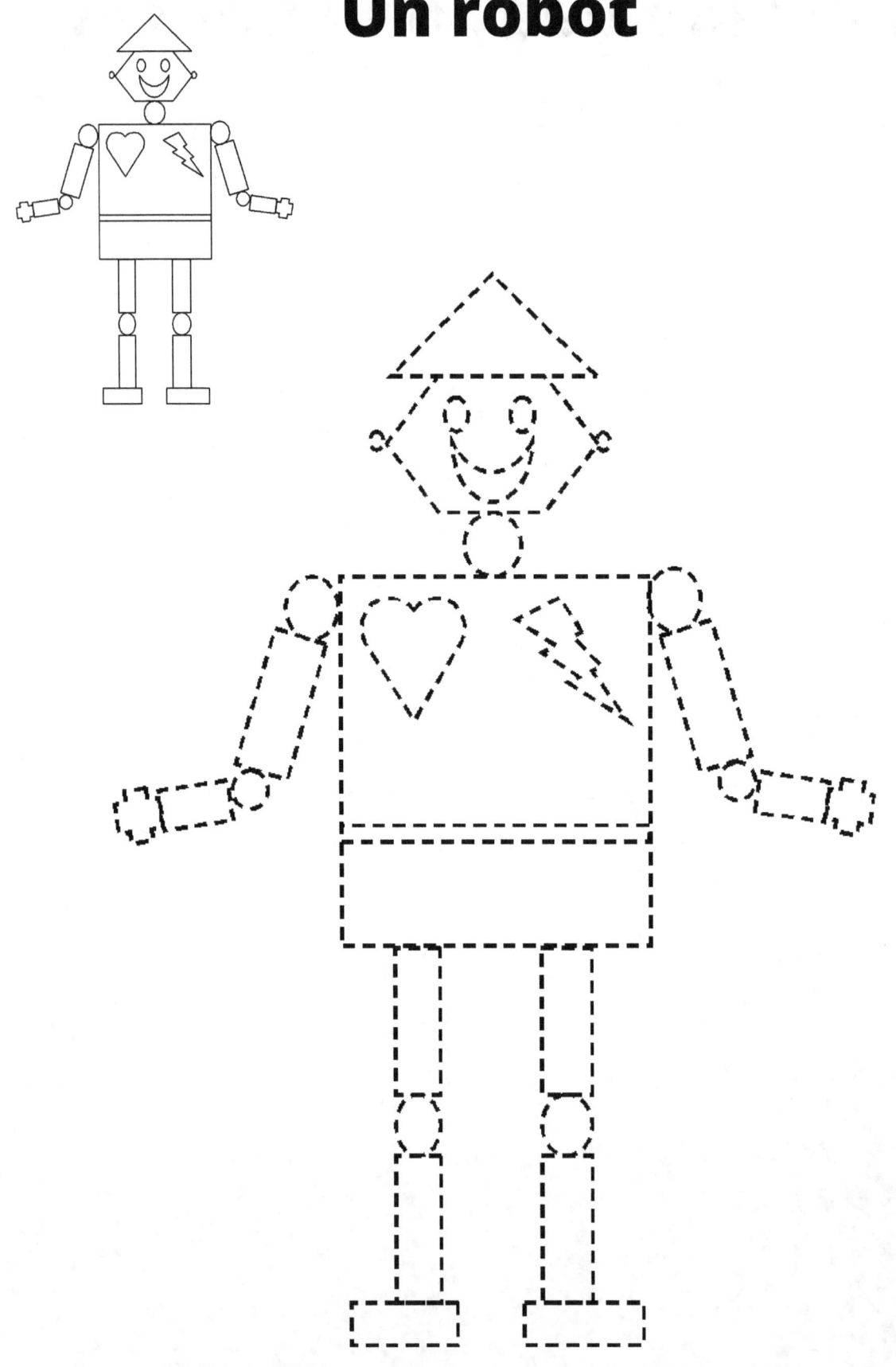

Dessine un robot

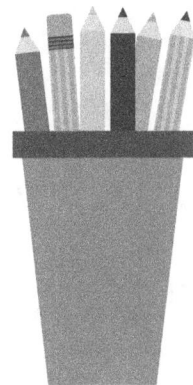

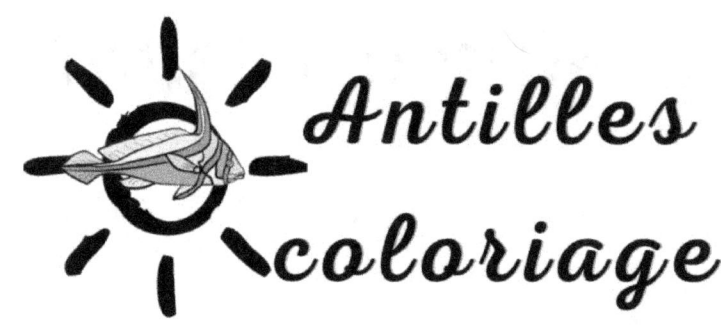

DÉCOUVRE TOUTE LA COLLECTION SUR

www.antilles-coloriage.com

PAR KARELLE SIGISCAR

@ANTILLESCOLORIAGE

Like

Abonne toi

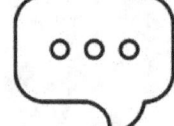

Commente

FOLLOW